Kurzleitfaden zu den

GOLFREGELN

Ein praktischer, schneller Leitfaden für

Golfregeln (Taschenformat)

Team Golfwell

Herausgegeben von Pacific Trust Holdings NZ Ltd.

Kurzleitfaden zu den Golfregeln: Eine praktische Schnellanleitung zu den Golfregeln (Ausgabe im Taschenformat), Copyright © 2021, Pacific Trust Holdings NZ Ltd. Alle Rechte vorbehalten. Kein Teil dieser Publikation darf ohne vorherige schriftliche Genehmigung des Herausgebers in irgendeiner Form oder mit irgendwelchen Mitteln, einschließlich Fotokopien, Aufzeichnungen oder anderen elektronischen oder mechanischen Methoden, vervielfältigt, verteilt oder übertragen werden, mit Ausnahme von kurzen Zitaten, die in Kritiken enthalten sind, und bestimmten anderen nicht-kommerziellen Verwendungen, die durch das Urheberrecht erlaubt sind.

Dies ist ein schnelles Nachschlagewerk zu den Golfregeln. Die in diesem Buch verwendeten Pronomen verwenden das männliche Geschlecht, schließen aber auch das weibliche Geschlecht ein, und der Singular schließt den Plural ein und umgekehrt, wie es der Kontext erfordert.

ISBN: 9798458897679 (Amazon Paperback)

WIE DIESES BUCH FUNKTIONIERT

Dieses Buch beantwortet fast alle Fragen zu den Golfregeln in klarer, verständlicher Sprache und gibt Ihnen einen schnellen Überblick über die Regeln und Strafen, die ins Spiel kommen, wenn Sie eine schnelle Antwort benötigen. Es enthält die wichtigsten Änderungen der USGA und R & A 2019 sowie die Golfregeln, die häufig vorkommen und sich nicht geändert haben und für Stroke Play sowie Match Play verwendet werden.

Die Regeln sind in 7 Abschnitte unterteilt, die sich auf den jeweiligen Bereich des Platzes beziehen, in dem die Regeln zum Tragen kommen, um das Nachschlagen zu erleichtern: **Vor Spielbeginn, Abschlagbereich, Allgemeiner Bereich (Fairway & Rough, etc.), Reliefen im Allgemeinen Bereich, Strafbereiche, Bunker und Greens.** Einige Regeln werden zum schnellen Nachschlagen in mehreren Abschnitten wiederholt. Stroke- und Matchplay-Regeln sind ebenfalls enthalten.

Die nächsten Seiten, **"KURZFASSUNG DER REGELN"**, beantworten fast alle Fragen zu den Golfregeln in Sekundenschnelle mit weiteren Informationen in der angegebenen Seitenangabe zusammen mit der offiziellen Golfregel.

Sie müssen sich nicht alle Regeln merken, wenn Sie

diesen Leitfaden zur Hand haben, um schnelle Antworten auf fast alle Regelfragen und die nächsten Schritte zu erhalten. Viel Spaß beim Golfen!

Mit freundlichen
Grüßen,
Team Golfwell

KURZFASSUNG DER REGELN

VOR SPIELBEGINN.. 1

VORHER AUF DEM PLATZ ÜBEN DIE RUNDE - Generellnicht erlaubt im Stroke Play, aber generell erlaubt im Match Play. 1

ÜBEN AUF DEM PLATZ WÄHREND EINER 1

DIE SPIELER SOLLEN SELBST STRAFEN AUSSPRECHEN – DQ (Disqualifikation), wenn ein Spieler wissentlich keine Strafe gegen sich selbst ausspricht... 1

"ALLGEMEINE STRAFE" - Bedeutet eine 2-Schlag-Strafe im Stroke Play und den Verlust eines Lochs im Match Play. 2

LOKALE REGELN PRÜFEN - Prüfen Sie auf Spielverbotszonen, Liftreinigung und -platz, Drop-Zonen usw. 2

STROKE PLAY - Sie müssen einlochen und die niedrigste Punktzahl gewinnt. 3

MATCH PLAY - Basierend auf den gewonnenen Löchern... 3

MAXIMUM SCORE FORMAT - Erlaubt dem Spieler, nach Erreichen der maximalen Punktzahl für dieses Loch weiterzuspielen... 4

PÜNKTLICH ZUR ABSCHLAGZEIT ZU SEIN, UM STRAFEN ZU VERMEIDEN - Weniger als 5 Minuten Verspätung ist eine allgemeine Strafe und mehr als 5 Minuten Verspätung kann eine DQ (Disqualifikation) bedeuten. 5

SLOW PLAY - 1 Schlag für die erste Verzögerung, allgemeine Strafe für die zweite Verzögerung und DQ für die dritte Verzögerung. 5

ENTFERNUNGSMESSGERÄTE - Zulässig. 6

VERHALTENSKODEX - Mögliche Strafen. 6

14 SCHLÄGER MAX - Bei mehr als 14 Schlägern beträgt die Strafe 2 Schläge pro Loch (max. 4 Löcher) oder Verlust des Lochs (max. 2 Löcher). 6

VERLUST EINES SCHLAGES WÄHREND DES SPIELS - Der Spieler muss ohne ihn spielen. 7

VERSTELLBARE SCHLÄGER - Ein Spieler darf einen verstellbaren Schläger während des Spiels nicht verstellen. 8

FESTZIEHEN DES SCHLÄGERKOPFES ODER DES SCHAFTES -Erlaubt. 8

AUSLEIHEN ODER GEMEINSAME NUTZUNG VON SCHLÄGERN -Nicht erlaubt. 8

WECHSELN DER GOLFBÄLLE - Erlaubt 9

MEHRHEITEN, USW. - Spieler können sich nicht darauf einigen, Regeln zu ignorieren. 9

"SCHLÄGERLÄNGE" bezeichnet den längsten Schläger in Ihrem Bag mit Ausnahme Ihres Putters. 10

TEE-BEREICH 10

REIHENFOLGE FÜR DEN ABSCHLAG AM ERSTEN

SPIELTAG TEE - Der Abschlag erfolgt in der auf dem Abschlagsplan angegebenen Reihenfolge, andernfalls nach Vereinbarung oder nach dem Zufallsprinzip. 10

RATSCHLÄGE AUF DEM PLATZ - Um Ratschläge zu bitten oder sie zu erteilen, ist in Ordnung, wenn es sich um öffentliche Informationen handelt (z. B. Entfernungen). 10

ABMESSUNGEN DES ABSCHLAGBEREICHS - Ein rechteckiger Bereich, der 2 Schlägerlängen von der Vorderkante der Abschlagmarkierungen entfernt liegt. 11

BENUTZUNG EINES TEE - Ein Spieler muss beim Abschlag kein Tee benutzen. 12

MIT ZWEIGEN USW. UM EINEN SCHUSS AUSZURICHTEN - Nicht erlaubt. 13

WHIFFS - Sie zählen als Schläge. 13

WENN EIN SPIELER DEN BALL VERSEHENTLICH SCHLÄGT ODER WENN ER VOM TEE VON SELBST HERUNTERFÄLLT- Es gibt keine Strafe und der Spieler darf den Ball erneut abschlagen 13

DAS VERSCHIEBEN VON ABSCHLAGMARKIERUNGEN IST BEIM ABSCHLAG NICHT ERLAUBT - Aber OK, wenn der Spieler nicht auf der Abschlagfläche des gespielten Lochs steht. 14

ABSCHLAG IST OB ODER VERLOREN - Spielen Sie einen provisorischen Ball oder prüfen Sie die Möglichkeiten der lokalen Regeln. 15

IST EIN BALL OB ODER NICHT OB? - Der gesamte Ball muss sich im Aus befinden, damit er als OB gilt. 18

KEIN PROVISORISCHER BALL ERLAUBT – Für einen Ball, der in einen Strafraum geschlagen wurde. 18

BALL TRIFFT VERSEHENTLICH SPIELER ODER ETWAS ANDERES - Keine Strafe und so spielen, wie er liegt. 19

ERSETZEN VON BESCHÄDIGTEN SCHLÄGERN - Sie können einen beschädigten Schläger ersetzen, wenn Sie ihn nicht beschädigt haben. 19

REPARIEREN UND BENUTZEN EINES BESCHÄDIGTEN SCHLÄGERS - Erlaubt. 20

BALL ZERBRICHT NACH EINEM SCHLAG - Wiederholen Sie den Schlag ohne Strafe. 20

DAS ALLGEMEINE GEBIET - FAIRWAY, ROUGH, ETC. 22

"ALLGEMEINER BEREICH" bedeutet Fairway, Rough, Fringe, etc. 22

GOLFPLATZBEREICHE - Ein Ball wird immer so behandelt, als befände er sich nur in einem Bereich. 22

VERSEHENTLICH DEN BALL IN DEN ALLGEMEINEN BEREICH BEWEGEN - Ein Spieler erhält 1 Strafschlag, wenn er seinen Ball bewegt................ 23

EIN ANDERER BALL STÖRT DEN SCHLAG - Aufforderung an den anderen Spieler, seinen Ball zu markieren.. 23

DEINEN BALL REINIGEN - Generell erlaubt, wenn man ihn nach den Regeln anhebt, außer: 1. Wenn man ihn anhebt, um ihn zu identifizieren, 2. wenn man ihn auf Schäden untersucht, 3. wenn man ihn anhebt, weil er mit einem anderen Ball kollidiert, oder 4. Wenn man ihn anhebt, um zu sehen, ob er in einem Zustand liegt, der ein Relief erlaubt............. 24

DEN BALL IM GREEN ANGEBEN - Sie...................... 25

können Sie Ihren Ball straffrei anheben und reinigen. 25

VERBESSERUNG DER BEDINGUNGEN FÜR IHREN SCHLAG -Unerlaubt... 26

ERKLÄRUNG EINES BALLES FÜR UNSPIELBAR – Gibt Sie 3 Optionen mit 1 Strafschlag: 1. Wiederholung des Schlags (d.h. Schlag und Entfernung), 2. Zurück-auf-die-Linie-Relief oder 3. Sie nehmen einen seitlichen Drop von 2 Schlägerlängen. 26

BALL WIRD VON EINEM ANDEREN BEWEGT - Ersetzen Sie ihn ohne Strafe. 27

BALL BEWEGT DURCH NATURKRÄFTE – Spielen,wie er liegt. 27

ABLEGEN VON SCHLÄGERN USW. AUF DEM BODEN ZUM AUSRICHTEN - Nicht erlaubt............. 28

NICHT SICHER ÜBER EINE REGEL - 2 Bälle spielen. 28

ENTFERNEN VON LOSEN HINDERNISSEN – Spieler

führt zu 1 Strafschlag, wenn der Spieler seinen Ball dabei bewegt. 30

BESEITIGUNG BEWEGLICHER HINDERNISSE - 30

VERLORENE BÄLLE - Die Suchzeit ist auf 3 Minuten begrenzt, und wenn der Ball nach 3 Minuten nicht gefunden wurde, gilt er als verloren. 30

SUCHE NACH EINEM BALL UND BALL BEWEGT SICH WÄHREND DER SUCHE - Ersetzen Sie sie ohne Strafe. 31

BALL UNABSICHTLICH ABGEFÄLSCHT - Spielen Sie ihn wie er liegt, ohne Strafe. 31

DEN FALSCHEN BALL SPIELEN - Eine allgemeine Strafe fällt an. 32

JEMAND SPIELT IHREN BALL – Ersetzen Sie 33

DOPPELTER ODER MEHRFACHER SCHLAG - Zählt als 1 Schlag. 33

READY GOLF - Erlaubt. 34

BERATUNG (UM RAT FRAGEN ODER RAT GEBEN) - Nur erlaubt, wenn es sich um öffentliche Informationen handelt. 34

BLITZSCHLAG - Markieren und aufheben. 35

RELIEF IM ALLGEMEINEN BEREICH 36

MARKIEREN DES BALLES VOR DEM AUFHEBEN - Wenn nicht markiert, erhält der Spieler 1 Strafschlag. 36

GOLFBÄLLE WECHSELN - Ist erlaubt, wenn Sie

Ablösung nehmen, zwischen den Löchern oder wenn Ihr Ball beschädigt ist. 36

FINDEN DES NÄCHSTEN RELIEF-PUNKTES – Nicht näher am Loch. 37

ABNORMALE BODENVERHÄLTNISSE - Sie 39

TIERLÖCHER - Freier Relief 40

TEMPORÄRES WASSER - Freier Relief. 40

GEFÄHRLICHE TIERZUSTÄNDE - Frei 41

BEWEGLICHE OBSTRUKTUREN - Kostenloses Relief. 41

BALL TRIFFT AUF BEWEGLICHE HINDERDERNISSE- Freier RELIEF. 42

STECKENDER BALL - Kostenloses Relief. 42

FALSCHES GREEN - Freies Relief. 42

AUS KNIEHÖHE FALLEN LASSEN - 44

BALL ROLLT AUS DEM RELIEFSBEREICH NACH DROP - Verfahren. 45

ABLEGEN, WENN EIN SPIELER HÄTTE ERSETZT WERDEN SOLLEN ODER UMGEKEHRT – Spieler führt zu einer allgemeinen Strafe. 46

EIN ANDERER BALL STÖRT IHREN PLAY - Bitten Sie den anderen Spieler, den Ball zu markieren, oder der andere Spieler kann seinen Ball beim Schlagspiel zuerst spielen. 47

EINGEBETTETER BALL IM MIT SAND GEFÜLLTEN FAIRWAY-DIVOT ODER IN DER DRAINAGE -

Mögliches freies Relief im allgemeinen Bereich, wenn das Gras auf Fairwayhöhe geschnitten ist. ... 47

STRAFE FÜR ÜBERSCHREIBUNG ODER BALLVERLUST – ABSCHLAG und Relief oder nach den örtlichen Regeln. 48

MARKIERUNGEN BEHINDERN IHREN SCHLAGANFALL, HALTUNG ODER SCHWUNG - Keine Relief. 52

IHREN BALL FÜR UNSPIELBAR ZU ERKLÄREN - Sie haben drei Möglichkeiten: 1. Relief von Hub und Distanz, 2. Relief von der Linie oder 53

SUCHEN SIE NACH AUSGEWIESENEN ABWURFZONEN. 53

STRAFGEBIETE 54

DER AUSSCHUSS KANN EINE STRAFE FESTLEGEN BEREICHE. 54

GELBE UND ROTE STRAFRÄUME - Der Spieler darf den Ball so spielen, wie er liegt, ohne eine Strafe zu erhalten. 54

GELB ABGESTECKTES STRAFRAUMRELIEF 55

ROT ABGESTECKTER STRAFRAUM RELIEF - 56

OK, UM DEN SCHLÄGER ZU SCHLEIFEN, ÜBUNGSSCHWÜNGE ZU MACHEN, USW. IN EINEM STRAFBEREICH – Jetzt erlaubt. 56

BESEITIGUNG LOSER HINDERNISSE IN 57

KEINE KOSTENLOSE RELIEF IN EINER STRAFZONE BEI ANORMALEN KURSBEDINGUNGEN ODER

EMBEDDEDBALL - Der Spieler muss im Strafraum abschlagen. 57

KEIN UNBESPIELBARMACHEN DES BALLS IN EINEM STRAFBEREICH - Ein Spieler muss die entsprechende Strafraumablösung nehmen. 58

BALLVERLUST IM STRAFENBEREICH - Wenn ein Spieler sicher ist, dass sein Ball in einen Strafraum gelangt ist, und ihn nicht wiederfindet, muss die entsprechende Strafraumbefreiung in Anspruch nehmen. 58

SPIELVERBOTSZONE IN EINEM STRAFRAUM – A muss der Spieler eine entsprechende rote oder gelbe Strafraumbefreiung nehmen. 59

WENN DER BALL TEILWEISE AUF EINER STRAFLINIEN FÄLLT - Er befindet sich im Strafraum. 59

WASSERGEFAHREN SIND JETZT IN 60

GEFÄHRLICHER ZUSTAND DES TIERES IN EINEM STRAFBEREICH - Freie Relief, wenn der nächstgelegene Reliefspunkt im Strafraum liegt, oder 1 Schlag Strafschlag, wenn der nächstgelegene Reliefspunkt außerhalb des Strafraums liegt. 60

KEINE RELIEF DER GEGENSEITE BEI ROT 61

BALLVERLUST IM STRAFRAUM – 2 Szenarien. 62

RATSCHLÄGE (GEBEN ODER FRAGEN) IN EINEM STRAFBEREICH - Nur öffentliche Informationen sind erlaubt. 62

DER BALL BLEIBT IM STRAFBEREICH, NACHDEM

SCHLAG - Verfahren.. 63

BUNKERS 64

TESTEN DES SANDES - Ein Spieler, der absichtlich den Sand testet, begeht eine allgemeine Strafe...... 64

VERSEHENTLICH DEN SAND ZU BERÜHREN - 64

LOSE HINDERNISSE KÖNNEN BESEITIGT WERDEN IN BUNKERS. 64

HALBINSELN ODER INSELN AUS GRAS USW. IN EINEM BUNKER LIEGEN IN DER ALLGEMEINEN BEREICH.. 65

BEWEGLICHE HINDERNISSE IN EINEM BUNKER (Z. B. DEN RECHEN) ZU ENTFERNEN, OHNE STRAFE. 65

ANORMALE KURSBEDINGUNGEN IN EINEM 66

BALL UNSPIELBAR IN EINEM BUNKER - 4............ 67

EIN SPIELER KANN SCHLÄGER IN EINEM BUNKER PLATZIEREN UND ANDERE TEILE DES BUNKERS HARKEN. 68

IDENTIFIZIERUNG DES BALLS IM BUNKER - 68

UNGERÄUMTER BUNKER - Sie müssen ihn so spielen, wie er liegt. 69

EIN ANDERER BALL STÖRT IHREN 69

STECKENDER BALL IM BUNKER - Sie müssen 70

WENN DER BALL DES SPIELERS ZURÜCK IN DENSELBEN BUNKER ROLLT 70

EIN SPIELER SCHLÄGT AUS EINEM BUNKER UND SEIN BALL GEHT OB ODER IST VERLOREN – Der Spieler darf den Bunker vor seinem nächsten Schlag rechen. 71

VERLORENER BALL IM BUNKER - Muss Schlag- und Entfernungsrelief in Anspruch nehmen. 71

GEFÄHRLICHER ZUSTAND DES TIERES IN EINEM BUNKER - Freier Relief, wenn der nächstgelegene Reliefspunkt im Bunker liegt, andernfalls erhält der Spieler 1 Strafschlag, wenn der nächstgelegene Reliefspunkt außerhalb des Bunkers liegt. 72

GREENS 74

BALL KOMMT AUF DEM FALSCHEN GREEN ZUR RUHE Nehmen Sie einen freien Drop vom Green, damit Ihre Haltung und Ihr beabsichtigter Schwung nicht auf das Green treffen. 74

SPRINKLERKÖPFE, ABFLÜSSE, USW. - Frei 74

EIN BALL, DER SICH TEILWEISE AUF DEM GREEN UND TEILWEISE AM RAND BEFINDET, WIRD ALS AUF DEM GREEN BEFINDLICH BEHANDELT (SPEZIFISCHER BEREICH). 75

MARKIEREN SIE IHREN BALL AUF DEM GREEN UND VERMEIDEN SIE ES, IHN VON DER FALSCHEN SEITE ZU SPIELEN. 76

FALSCHER BALL GESPIELT - Wenn Sie auf dem Green feststellen, dass Sie den falschen Ball gespielt haben, müssen Sie Ihren Ball suchen, zurückgehen und ihn spielen. 76

PUTTING ORDNUNG - Wer weiter vom Loch entfernt ist, spielt zuerst. 78

PUTTEN MIT DEM FLAGGENSTOCK - Erlaubt. 79

DER SPIELER BEWEGT DEN BALL ODER 79

BALLMARKIERUNG VERSEHENTLICH - Keine Strafe. 79

VERWENDUNG EINES SCHLÄGERS ZUR AUSRICHTUNG EINES PUTT – Nicht erlaubt. 79

DER BALL EINES SPIELERS WIRD VON EINEM ANDEREN SPIELER BEWEGT - Ersetzen Sie ihn ohne Strafe. 80

ANORMALE KURSBEDINGUNGEN AM 80

BESEITIGUNG VON LOSEN HINDERNISSEN, BEWEGLICHEN HINDERNISSEN, SAND UND LOSE ERDE AUF DEM GREEN - Keine Strafe, wenn sich der Ball bewegt. 81

REPARATUR VON SPITZENMARKEN UND ANDEREN SCHÄDEN AUF DEM GREEN - Erlaubt. .. 81

ES IST OK, DIE PUTTLINIE AUF DEM GREEN ZU BERÜHREN. 82

DER BALL BEWEGT SICH, WENN EIN SPIELER MARKIERT ODER WENN EIN SPIELER DIE MARKIERUNG WEGNIMMT. 82

STECKENDER BALL – Kostenloser Relief. 83

VORÜBERGEHENDES WASSER AUF DEM GREEN - Freies Relief. 83

BERATUNG ÜBER DIE SPIELLINIE AUF DEM......... 84

GRÜN KANN WÄHREND DES SPIELS NICHT GETESTET WERDEN. 84

DER SPIELER DARF DEN PUTTER NICHT AN SEINEM KÖRPER VERANKERN. 85

EIN PUTT TRIFFT EINEN ANDEREN BALL AUF DEM GREEN - Verursacht eine 2-Schlag-Strafe im Stroke Play. 85

SPIELER TRIFFT FAHNENSTANGE ODER BETREUER - Spielen Sie ihn so, wie er liegt, ohne Strafe... 85

EIN BALL, DER AN DER FAHNENSTANGE ANLIEGT UND EIN TEIL DES BALLS UNTER DER OBERFLÄCHE LIEGT, GILT ALS AUSSERHALB. ... 86

EIN BALL ÜBER DAS LOCH HINAUSRAGT - 87

ZULASSENDE PUTTS - OK im Match Play, aber nicht im Stroke Play. 87

VERLORENER SCHLÄGER - Sie müssen ohne ihn spielen, wenn er nicht gefunden wird. 88

Über die Autoren.. 90

VOR SPIELBEGINN

VORHER AUF DEM PLATZ ÜBEN DIE RUNDE - Generellnicht erlaubt im Stroke Play, aber generell erlaubt im Match Play.

Beim Matchplay kann ein Spieler *vor einer* Runde oder zwischen den Runden eines Matchplay-Wettbewerbs auf dem Platz üben, vorbehaltlich der Bestimmungen des Ausschusses (Regel 5).

Beim Stroke Play darf ein Spieler im Allgemeinen *vor einer* Runde nicht auf dem Platz üben, wohl aber das Putten oder Chippen am ersten Abschlag. Der Ausschuss kann eine lokale Regel erlassen, die dies regelt (Regel 5).

ÜBEN AUF DEM PLATZ WÄHREND EINER RUNDE - Nicht erlaubt, wenn ein Loch gespielt wird.

Ein Spieler darf nicht auf dem Platz üben, während er ein Loch spielt. Zwischen den Löchern kann ein Spieler das Putten oder Chippen auf dem gerade gespielten Green oder dem nächsten Abschlag üben (aber nicht in Bunkern), sofern dies das Spiel nicht verzögert (Regel 5).

DIE SPIELER SOLLEN SELBST STRAFEN AUSSPRECHEN – DQ (Disqualifikation), wenn

ein Spieler wissentlich keine Strafe gegen sich selbst ausspricht.
Von den Spielern wird erwartet, dass sie erkennen, wenn sie gegen eine Regel verstoßen haben, und dass sie ehrlich sind und ihre eigenen Strafen verhängen. Wenn ein Spieler weiß, dass er gegen eine Regel verstoßen hat und sie nicht anwendet, ist die Strafe DQ (Regel 1).

"ALLGEMEINE STRAFE" - Bedeutet eine 2-Schlag-Strafe im Stroke Play und den Verlust eines Lochs im Match Play.

Im Stroke Play kann ein Regelverstoß zu folgenden Strafen führen: 1 Schlag Strafe, eine "allgemeine Strafe", die eine 2-Takt-Strafe ist, oder Disqualifikation (Regel 3).

Beim Matchplay ist eine "allgemeine Strafe" der Verlust eines Lochs (Definitionen). Die meisten Regeln gelten für beide, aber bestimmte Regeln gelten nur für das eine oder das andere, wie hier beschrieben (Regel 3).

LOKALE REGELN PRÜFEN - Prüfen Sie auf Spielverbotszonen, Liftreinigung und -platz, Drop-Zonen usw.

Informieren Sie sich auf der Website des

Golfplatzes, am schwarzen Brett, auf der Scorekarte usw. über die örtlichen Regeln. Sie werden Ihnen in der Regel helfen.

STROKE PLAY - Sie müssen einlochen und die niedrigste Punktzahl gewinnt.

Der niedrigste Punktestand über 18 Löcher gewinnt und Sie müssen an jedem Loch einlochen (Regel 3).

MATCH PLAY - Basierend auf den gewonnenen Löchern.

Beim Match Play treten der Spieler und sein Gegner an jedem Loch gegeneinander an. Jedes einzelne Loch ist ein Wettbewerb, den derjenige gewinnt, der das Loch mit den wenigsten Schlägen absolviert. Wenn beide Spieler die gleiche Punktzahl für ein Loch haben, wird das Loch "halbiert", d.h. es herrscht Gleichstand (Regel 3).
Scorekarten sind beim Matchplay nicht erforderlich.

Ein Spieler gewinnt das Spiel, wenn er mehr Löcher gewonnen hat, als noch zu spielen sind. Wenn Sie zum Beispiel drei Löcher mehr haben und nur noch zwei Löcher zu spielen sind, gewinnen Sie "drei zu zwei". Wenn Sie am Ende unentschieden sind (alle Löcher gleich), wird das Spiel "halbiert".

Beim Stroke Play muss jedes Loch eingelocht werden. Beim Matchplay können Sie einen Putt (oder einen anderen Schlag) aufgeben, indem Sie Ihrem Gegner sagen, er solle "ab heben". Sie können auch ein Golfloch und/oder einen das gesamte Spiel. Ein einmal gemachtes Zugeständnis kann nicht mehr zurückgenommen werden (Regel 3).

MAXIMUM SCORE FORMAT - Erlaubt dem Spieler, nach Erreichen der maximalen Punktzahl für dieses Loch weiterzuspielen.
Ab 2019 gibt es eine neue offizielle Form des Stroke Play, die "Maximum Score" genannt wird und es den Spielern erlaubt, an einem Loch weiterzuspielen, sobald der Spieler den maximalen Score für ein Loch erreicht hat (dies hilft dem Spieltempo). Das Golfplatzkomitee kann die Höchstpunktzahl zum Beispiel auf einen doppelten Bogey oder zwei Mal Par festlegen oder was immer es für jedes Loch entscheidet (Regel 21). Normalerweise müssen Sie beim Stroke Play an jedem Loch einlochen, aber nicht, wenn Sie die

Höchstpunktzahl spielen (siehe Regel 3).

PÜNKTLICH ZUR ABSCHLAGZEIT ZU SEIN, UM STRAFEN ZU VERMEIDEN - Weniger als 5 Minuten Verspätung ist eine allgemeine Strafe und mehr als 5 Minuten Verspätung kann eine DQ (Disqualifikation) bedeuten.
Wenn Sie weniger als 5 Minuten zu spät zu Ihrer Abschlagzeit kommen, erhalten Sie eine allgemeine Strafe für das erste Loch. Wenn Sie mehr als 5 Minuten zu spät kommen, können Sie disqualifiziert werden. Der Ausschuss kann Sie unter außergewöhnlichen Umständen entschuldigen (Regel 5).

SLOW PLAY - 1 Schlag für die erste Verzögerung, allgemeine Strafe für die zweite Verzögerung und DQ für die dritte Verzögerung.
Ab 2019 werden die Spieler aufgefordert, nicht zu verweilen und ihr Spieltempo konstant zu halten. Die Spieler werden ermutigt, ihren Schlag innerhalb von 40 Sekunden auszuführen, sobald sie dazu in der Lage sind und keine anderen Ablenkungen vorhanden sind. Der Ausschuss eines Golfplatzes kann unter bestimmten Voraussetzungen eine Spielgeschwindigkeitsregelung festlegen. Die

Strafe für eine unangemessene Verzögerung des Spiels an einem Loch oder zwischen zwei Löchern wurde 2019 dahingehend geändert, dass der erste Verstoß mit einem Schlag bestraft wird, der zweite Verstoß mit einer allgemeinen Strafe und der dritte Verstoß mit DQ. Wenn die unangemessene Verzögerung zwischen Löchern auftritt, wird die Strafe auf das nächste Loch angewendet (Regel 5.6).

ENTFERNUNGSMESSGERÄTE - Zulässig.
Ab 2019 sind Entfernungsmessgeräte (DMDs) erlaubt, es sei denn, der Golfclubausschuss verbietet ihre Verwendung (Regel 4).

VERHALTENSKODEX - Mögliche Strafen.
Übermäßig wütendes oder unverschämtes Verhalten kann gegen den Verhaltenskodex des Golfplatzes verstoßen, der vom Golfplatzausschuss festgelegt wurde.
Ab 2019 kann ein Komitee einen Verhaltenskodex verabschieden und einen Spieler für Verstöße bestrafen den Verhaltenskodex des Platzes während des Spiels (Regel 1).

14 SCHLÄGER MAX - Bei mehr als 14

Schlägern beträgt die Strafe 2 Schläge pro Loch (max. 4 Löcher) oder Verlust des Lochs (max. 2 Löcher).

Wenn ein Spieler feststellt, dass er mehr als 14 Schläger hat, erhält er eine Strafe von 2 Schlägen für jedes Loch, das er unter Verstoß gegen diese Regel spielt, mit einer maximalen Strafe von 4 Schlägen in der Runde (Regel 4).

Im Matchplay verliert ein Spieler, sobald er dies bemerkt, 1 Loch für jedes Loch, das er mit mehr als 14 Schlägern spielt, mit einem maximalen Abzug von 2 Löchern in der Runde (Regel 4).

Wenn Sie vor Spielbeginn feststellen, dass Sie mehr als 14 Schläger haben, geben Sie dies bekannt und lassen

Sie die zusätzlichen Schläger ohne Strafe in der Tasche zurück (Regel 4).

VERLUST EINES SCHLAGES WÄHREND DES SPIELS - Der Spieler muss ohne ihn spielen.
Wenn Sie einen Schläger während des Spiels verlieren und ihn später wiederfinden, dürfen Sie diesen wieder verwenden. Aber wenn er nicht gefunden werden kann, müssen Sie ohne ihn

spielen und können keinen Schläger hinzufügen (Regel 4).

VERSTELLBARE SCHLÄGER - Ein Spieler darf einen verstellbaren Schläger während des Spiels nicht verstellen.
Wenn Sie verstellbare Schläger haben, überprüfen Sie die Einstellungen, die Sie vorgenommen haben, da Sie sie während der Runde nicht verstellen dürfen (Regel 4).

FESTZIEHEN DES SCHLÄGERKOPFES ODER DES SCHAFTES -Erlaubt.
Prüfen Sie vor dem Start, ob Ihr Schläger locker ist. Wenn Ihr Schlägerkopf oder Ihr Schaft während des Spiels locker werden, können Sie sie straff ziehen (Regel 4).

AUSLEIHEN ODER GEMEINSAME NUTZUNG VON SCHLÄGERN -Nicht erlaubt.
Wenn ein Spieler beim Abschlag oder während des Spiels einen Schläger beschädigt, kann er keinen neuen Schläger ausleihen.

Schläger zu teilen oder einen Schläger mit einem anderen Spieler zu teilen (Regel 4). Spielpartner können sich jedoch einen Schläger teilen, solange sie nicht mehr als 14 Schläger zusammen haben (Regeln 22 und 23). Sie können Golfbälle ausleihen (Regel 4).

WECHSELN DER GOLFBÄLLE - Erlaubt zwischen den Löchern, beim Abschlagen oder wenn der Ball beschädigt ist. Sie spielen denselben Ball vom Abschlag bis zum Holing-out an einem Loch. Sie dürfen den Ball zwischen den Löchern oder beidem Relief straffrei wechseln (Regeln 6 und 14).

Wenn Ihr Ball einen Schnitt oder Riss hat, können Sie den Ball wechseln (Regel 4). Markiere ihn, bevor du ihn anhebst, um ihn auf Schäden zu untersuchen. Sie dürfen Ihren Ball nicht reinigen, wenn Sie ihn auf Beschädigungen untersuchen. Wenn Sie ihn reinigen, erhalten Sie 1 Strafschlag (Regel 14).

MEHRHEITEN, USW. - Spieler können sich nicht darauf einigen, Regeln zu ignorieren.

Wenn zwei oder mehr Spieler sich absichtlich darauf einigen, eine Regel zu ignorieren (z. B. "Wir haben einen Mulligan pro Seite" oder "Wir werfen sie in den Fairway"), gilt für sie eine Disqualifikation bei Beginn der Runde, auch wenn sie die Vereinbarung noch nicht umgesetzt haben (Regel 1).

"SCHLÄGERLÄNGE" bezeichnet den längsten Schläger in Ihrem Bag mit Ausnahme Ihres Putters.
Der Begriff "Schlägerlänge" bezeichnet den längsten Schläger in Ihrem Bag mit Ausnahme Ihres Putters (Definitionen).

TEE-BEREICH

REIHENFOLGE FÜR DEN ABSCHLAG AM ERSTEN SPIELTAG TEE - Der Abschlag erfolgt in der auf dem Abschlagsplan angegebenen Reihenfolge, andernfalls nach Vereinbarung oder nach dem Zufallsprinzip.

Nach dem ersten Loch wird nach der Reihenfolge der Ehre gespielt, d. h. der Spieler, der im Stroke Play das niedrigste Ergebnis erzielt oder im Match Play das Loch gewonnen hat, schlägt am zweiten Loch zuerst ab (Regel 6). Beim Vierballspiel können die Partner in der von ihnen gewählten Reihenfolge spielen (Regel 23).

RATSCHLÄGE AUF DEM PLATZ - Um

Ratschläge zu bitten oder sie zu erteilen, ist in Ordnung, wenn es sich um öffentliche Informationen handelt (z. B. Entfernungen).
Sie können Entfernungen zu Bunkern, Strafbereichen usw. besprechen oder nach den Spiellinie, da sie öffentlich bekannt ist (z. B. "Ist das ein Dogleg rechts oder links?"). Es gibt keine Strafe für einen Spieler, der unaufgefordert Ratschläge gibt (z. B. "Ich hätte ein 6er-Eisen nehmen sollen").

Andernfalls kann ein Spieler nicht nach der Schlägerwahl fragen oder einem anderen Spieler sagen, welchen Schläger er benutzen oder wie er einen Schlag spielen soll usw. Ein Spieler, der einen solchen Rat gib toder um einen solchen Rat bittet, wird mit einer allgemeinen Strafe belegt (Regel 10).

Bei einem Ball auf dem Putting Green dürfen Sie nicht um Ratschläge zur Spiellinie bitten (Regel 10). Partner, die auf einer Seite spielen, können sich jedoch gegenseitig Ratschläge erteilen, ohne sich gegenseitig zu bestrafen (Regel 24).

ABMESSUNGEN DES ABSCHLAGBEREICHS -
Ein rechteckiger Bereich, der 2 Schlägerlängen

von der Vorderkante der Abschlagmarkierungen entfernt liegt.

Schlagen Sie den Ball irgendwo in einem rechteckigen Bereich innerhalb von 2 Schlägerlängen von der vorderen Kante der Abschlagmarkierungen ab (Definitionen). Wenn Sie außerhalb dieses Bereichs abschlagen oder von den falschen Abschlagmarkierungen abschlagen (vorausgesetzt, diese Markierungen befinden sich außerhalb des Abschlagsbereichs), erhalten Sie im Stroke Play einen Strafschlag von 2 Schlägen und müssen den Schlag vom richtigen Abschlagsbereich aus wiederholen (Regel 6). Im Matchplay kann Ihr Gegner Ihren Schlag, der außerhalb des Abschlagsbereichs gespielt wurde, annullieren und Sie ihn ohne Strafe wiederholen lassen (Regel 6).
Es ist erlaubt, sich außerhalb des Abschlagsbereichs aufzustellen, wenn sich Ihr Ball innerhalb des Abschlagsbereichs befindet (Regel 6).

BENUTZUNG EINES TEE - Ein Spieler muss beim Abschlag kein Tee benutzen.
Sie können Ihren Ball vom Boden im Abschlagbereich spielen. Sie können bestimmte Bedingungen im Abschlagbereich verbessern, indem Sie die Oberfläche verändern. Sie können

z. B. mit Ihrem Schläger eine Vertiefung eindrücken, den Boden eindrücken, das Gras biegen oder brechen usw. (Regel 6 und 8.1b (8)).

MIT ZWEIGEN USW. UM EINEN SCHUSS AUSZURICHTEN - Nicht erlaubt.
Es ist nicht erlaubt, einen Zweig, einen Teil eines Blattes usw. als Hilfe für die Ausrichtung des Abschlags oder eines anderen Schlags zu verwenden, da sonst eine allgemeine Strafe verhängt wird (Regel 8).

WHIFFS - Sie zählen als Schläge.
Wenn Sie absichtlich versuchen, einen Golfball zu schlagen und ihn völlig verfehlen, zählt dies als Schlag und der Ball ist im Spiel. Befindet sich Ihr Ball noch im Abschlagbereich, dürfen Sie ihn erneut abschlagen (Regel 6).

WENN EIN SPIELER DEN BALL VERSEHENTLICH SCHLÄGT ODER WENN ER VOM TEE VON SELBST HERUNTERFÄLLT- Es gibt keine Strafe und der Spieler darf den Ball erneut abschlagen.
Wenn Ihr Ball vom Tee fällt, können Sie ihn ohne Strafe ersetzen. Wenn Sie ihn versehentlich vom Tee stoßen oder ihn bei einem Übungsschlag versehentlich wegschlagen, ist das kein Schlag, da der Ball noch nicht im Spiel ist. Sie können den

Ball im Bereich des Abschlags erneut abschlagen (Regel 6).

Wenn der Ball im Spiel ist und Sie ihn versehentlich bewegen, müssen Sie einen Strafschlag von 1 Schlag hinnehmen und den Ball an seine ursprüngliche Position zurücklegen (Regel 9).

Übrigens: Wenn Sie auf dem Green Ihren Ball (oder Ballmarker) versehentlich verschieben, gibt es keine Strafe, sondern Sie müssen ihn wieder an die Stelle zurücklegen, an der er sich vor dem versehentlichen Verschieben befand (Regel 13).

DAS VERSCHIEBEN VON ABSCHLAGMARKIERUNGEN IST BEIM ABSCHLAG NICHT ERLAUBT - Aber OK, wenn der Spieler nicht auf der Abschlagfläche des gespielten Lochs steht.
Beim Abschlag können Sie den Abschlag nicht verschieben oder verstellen für das Loch, das Sie spielen (Regel 6). Wenn Sie einen Fehlschlag haben, der auf einer anderen Abschlagfläche landet, können Sie die Abschlagmarkierung straffrei versetzen, wenn es sich um ein bewegliches Hindernis handelt. Wenn es sich um

ein unbewegliches Hindernis handelt, müssen Sie einen Abschlag von 1 Schlägerlänge am nächstgelegenen Punkt der Relief machen, der nicht näher am Loch liegt (Regel 16).

ABSCHLAG IST OB ODER VERLOREN - Spielen Sie einen provisorischen Ball oder prüfen Sie die Möglichkeiten der lokalen Regeln.
Wenn ein Spieler seinen Ball ins Aus schlägt oder einen verlorenen Ball hat, gibt es eine Strafe von 1 Schlag und der Spieler muss den Ball von der Stelle, an der er geschlagen wurde, erneut spielen (d.h. Schlag- und EntfernungsRelief nehmen). Ein Ball gilt als verloren, wenn er nicht innerhalb von 3 Minuten nach Beginn der Suche gefunden wird. Wenn Sie glauben, dass Sie Ihren Ball OB getroffen haben oder er verloren sein könnte, spielen Sie normalerweise einen provisorischen Ball. Sie müssen ankündigen und sagen, dass Sie einen "provisorischen" Ball spielen, sonst wird er zu einem neuen Ball im Spiel unter Strafe von Schlag und Entfernung (Regel 18).

Wenn Sie Ihren ursprünglichen Abschlagball nach 3 Minuten nicht mehr finden können oder wenn er OB ist, zählen Sie die mit dem Abschlag gemachten Schläge und die mit dem provisorischen Ball gemachten Schläge zusammen und das Loch wird mit dem provisorischen Ball ausgespielt.

Ab 2019 kann ein Golfplatzkomitee nach einer neuen lokalen Regel einem Spieler die Möglichkeit geben, einen Ball fallen zu lassen, ohne zu dem Punkt zurückgehen zu müssen, an dem Sie den Ball geschlagen haben, der verloren ging oder OB wurde, und wenn Sie keinen provisorischen Ball gespielt haben.

Das Komitee hat die Möglichkeit, eine lokale Regel zu erlassen, die es erlaubt, einen weiteren Ball fallen zu lassen und eine Strafe von 2 Schlägen zu kassieren, um das Spiel zu beschleunigen. Diese lokale Regel hilft einem Spieler (und dem Spieltempo), der keinen provisorischen Ball gespielt hat, an den Ort des letzten Schlags zurückzukehren. Bei dieser Option werfen Sie Ihren Ball in ein großes Relief, das sich zwischen zwei Linien befindet.

Die zweite Linie ist eine Linie, die vom Loch zum "Fairway-Referenzpunkt" gezogen wird. Der Fairway-Referenzpunkt ist ein Punkt, den Sie am nächstgelegenen Rand des Fairways markieren, der nicht näher am Loch liegt.

Der Reliefsbereich liegt zwischen diesen beiden

Linien. Oder anders gesagt, in dem Bereich zwischen der Stelle, an der der Ball verloren wurde oder ins Aus ging, und dem nächstgelegenen Rand des Fairways (nicht näher zum Loch).

Außerdem wirddem Reliefsbereich um zwei Schlägerlängen an den Außenkanten des "Ballreferenzpunktes" und des "Fairwayreferenzpunktes" (nicht näher zum Loch) erweitert.

Diese örtliche Regelung ist nicht für Profispieler oder hohe Amateurwettbewerbe gedacht, sondern soll dazu beitragen, das Spieltempo zu beschleunigen.

Der Spieler darf diese Möglichkeit nicht nutzen, wenn er weiß, dass sich der Ball in einem Strafraum befindet.

Befindet sich der Ball des Spielers in einem Strafraum, muss der Spieler eine Strafraumabwehr durchführen. Siehe den Abschnitt "Strafraum" in diesem Buch, wenn der Ball in einen Strafraum gelangt ist, Seite 51.

Der Spieler darf diese Option auch nicht nutzen, wenn er einen provisorischen Ball gespielt hat.

Die neuen Regeln beziehen sich auf eine Muster-Lokalregel, die ein Golfplatzkomitee annehmen kann und die hier zu finden ist > USGA, Draft of Model Local Rule, she diesen Link, "Stroke andDistance": Herunterladen
den Textentwurf als PDF", und der Link lautet
> http://www.usga.org/content/usga/home-page/ruleshub/rules-modernization/infographics/golf-s-new-rules-stroke-and-distance.html#expanded

IST EIN BALL OB ODER NICHT OB? - Der gesamte Ball muss sich im Aus befinden, damit er als OB gilt.
Damit ein Ball als "out of bounds" gilt, muss sich der gesamte Ball im OB-Bereich und hinter der Vorderkante der OB-Markierungen befinden. Sie können Ihre Position einnehmen in den OB-Bereich, um einen Ball zu spielen, der nicht OB ist (Regel 18.2a (2)).

KEIN PROVISORISCHER BALL ERLAUBT – Für einen Ball, der in einen Strafraum geschlagen wurde.
Sie können keinen provisorischen Ball spielen,

wenn Sie sicher sind, dass Ihr Ball in einem Strafraum liegt. Strafräume haben ihre eigenen Regeln (siehe S. 30 in diesem Buch). Sie können einen provisorischen Ball schlagen, wenn Sie sich nicht sicher sind. Wenn Sie zum Beispiel deutlich sehen, dass Ihr Ball in einen See plätschert (Wasserhindernisse werden jetzt als Strafbereiche bezeichnet), können Sie keinen provisorischen Ball spielen, sondern müssen einen Strafbereich abschlagen. Wenn Sie jedoch nicht sicher sind (z. B. wenn Sie glauben, Ihr Ball könnte OB sein oder verloren gegangen sein und sich nicht in der Strafzone befinden), können Sie einen provisorischen Ball spielen (Regel 18).

BALL TRIFFT VERSEHENTLICH SPIELER ODER ETWAS ANDERES - Keine Strafe und so spielen, wie er liegt.
Ab 2019 gibt es keine Strafe mehr, wenn Sie versehentlich sich selbst, einen Gegner, Ihre Ausrüstung, eine andere Person, ein Tier, einen Gegenstand usw. treffen und Sie den nächsten Schlag so spielen, wie er liegt (Regel 11).

ERSETZEN VON BESCHÄDIGTEN SCHLÄGERN - Sie können einen beschädigten Schläger ersetzen, wenn Sie ihn nicht beschädigt haben.
Wenn Sie Ihren Driver oder einen anderen Schläger zerbrechen, können Sie ihn nur

ersetzen, wenn der Schaden durch "äußere Einflüsse" oder "natürliche Kräfte" entstanden ist (d. h. ein Spieler kann einen Schläger ersetzen, wenn jemand anderes als er oder sein Caddy den Schläger beschädigt hat). Wenn zum Beispiel ein anderer Golfwagen über Ihren Schläger fährt, können Sie einen beschädigten Schläger ersetzen, wenn Sie ihn nicht selbst beschädigt haben (Regel 4). Es kann unpraktisch sein, rechtzeitig zurückzulaufen und einen Leihschläger aus dem Pro-Shop zu holen, da Sie das Spiel nicht unangemessen verzögern dürfen. Die Strafe für eine unangemessene Verzögerung des Spiels ist ein Schlag für den ersten Verstoß, eine allgemeine Strafe für den zweiten Verstoß und DQ für den dritten Verstoß (Regel 5).

REPARIEREN UND BENUTZEN EINES BESCHÄDIGTEN SCHLÄGERS - Erlaubt.
Ab 2019 darf ein Spieler einen beschädigten Schläger benutzen, auch wenn er ihn im Zorn beschädigt hat. Ein Spieler darf auch einen beschädigten Schläger reparieren und ihn weiter benutzen (Regel 4).

BALL ZERBRICHT NACH EINEM SCHLAG - Wiederholen Sie den Schlag ohne Strafe.
Wenn Sie Ihren Ball treffen und er nach einem

Schlag in Stücke zerbricht, zählt der Schlag nicht, und der Spieler muss den Schlag wiederholen (Regel 4).

DAS ALLGEMEINE GEBIET - FAIRWAY, ROUGH, ETC.

"ALLGEMEINER BEREICH" bedeutet Fairway, Rough, Fringe, etc.

Der "allgemeine Bereich" eines Golfplatzes ist alles auf dem Golfplatz mit Ausnahme der folgenden Bereiche: 1) der Abschlagbereich zu Beginn eines Lochs, 2) Strafbereiche, 3) Bunker und 4) das Putting Green für das gespielte Loch (Regel 2 und Definitionen).

GOLFPLATZBEREICHE - Ein Ball wird immer so behandelt, als befände er sich nur in einem Bereich.
Je nachdem, in welchem Bereich des Platzes Ihr Ball liegt, gelten andere Regeln (Regel 2). Sie müssen feststellen, ob sich Ihr Ball im allgemeinen Bereich oder in einem bestimmten Bereich befindet. Spezifische Bereiche sind: 1) der Abschlagbereich für das gespielte Loch, 2) Strafbereiche, 3) Bunker und 4) das Putting-Green für das gespielte Loch.

Wenn Ihr Ball im allgemeinen Bereich liegt, aber auch in einen bestimmten Bereich hineinspielt, wird er als im bestimmten Bereich liegend behandelt und es gelten die Regeln für den bestimmten Bereich. Zum Beispiel kann ein Ball, der teilweise in einem Strafraum und der Teil im allgemeinen Bereich würden als im Strafraum befindlich behandelt und die Strafraumregeln würden gelten (Regel 2).

Auch wenn es selten vorkommt, wird ein Ball, der in zwei bestimmten Bereichen zur Ruhe kommt, so behandelt, als läge er in dem Bereich, der in dieser Reihenfolge zuerst kommt: 1. Strafraum, 2. Bunker, 3. Putting Green. Zum Beispiel würde ein Ball, der zum Teil im Strafraum und zum Teil im Bunker liegt, als im Strafraum liegend behandelt werden und die Strafraumregeln finden Anwendung (Regeln 2 und 17).

VERSEHENTLICH DEN BALL IN DEN ALLGEMEINEN BEREICH BEWEGEN - Ein Spieler erhält 1 Strafschlag, wenn er seinen Ball bewegt.
Verursacht ein Spieler eine Bewegung seines Balls (z.B. wenn er ihn beim Übungsschwung versehentlich trifft), erhält er 1 Strafschlag und muss den Ball wieder an die Stelle zurücklegen, an der er sich vor der Bewegung befand (Regel 9).

EIN ANDERER BALL STÖRT DEN SCHLAG - Aufforderung an den anderen Spieler, seinen

Ball zu markieren.

Wenn ein Spieler vernünftigerweise glaubt, dass der Ball eines anderen Spielers das eigene Spiel stören könnte, kann der Spieler den anderen Spieler auffordern, die Stelle zu markieren und den Ball aufzuheben. Der andere Spieler muss seinen Ball markieren und aufheben (darf ihn aber nicht reinigen), dann muss der andere Ball gespielt werden. Nachdem der Ball gespielt wurde, legt der andere Spieler seinen Ball so gut wie möglich in die gleiche Lage (stellt sie wieder her) (Regel 15). Beim Schlagspiel hat der andere Spieler die Möglichkeit, seinen Ball zuerst zu spielen, anstatt ihn zu markieren und aufzuheben (Regel 15.3b(2)).

DEINEN BALL REINIGEN - Generell erlaubt, wenn man ihn nach den Regeln anhebt, außer: 1. Wenn man ihn anhebt, um ihn zu identifizieren, 2. wenn man ihn auf Schäden untersucht, 3. wenn man ihn anhebt, weil er mit einem anderen Ball kollidiert, oder 4. Wenn man ihn anhebt, um zu sehen, ob er in einem Zustand liegt, der ein Relief erlaubt.

Wenn Sie den Ball gemäß den Regeln aus dem allgemeinen Bereich anheben (z. B. wenn Sie vorübergehend auf Wasser treffen usw.), können

Sie den Ball reinigen. Aber Sie können den Ball nicht reinigen, wenn Sie Ihn angeben, um: 1) um zu sehen, ob der Ball geschnitten oder gerissen ist, 2) um ihn zu identifizieren, 3) um ihn aus dem Spiel eines anderen Spielers zu entfernen, oder 4) um festzustellen, ob er sich in einem Zustand befindet, der einen Relief erlaubt.

Wenn Sie den Ball anheben, um ihn zu identifizieren, dürfen Sie ihn nur so weit reinigen, wie es für seine Identifizierung erforderlich ist (Regel 14 und Regel 7).

Es ist nicht mehr erforderlich, anzukündigen, dass man den Ball anhebt. Bisher musste ein Spieler dem anderen Spieler ankündigen, dass er seinen Ball anheben wird, um ihn zu identifizieren. Ab 2019 ist dies nicht mehr erforderlich. Das kommt dem Spieltempo zugute, insbesondere wenn der andere Spieler auf der anderen Seite des Fairways steht. Sie sollten es trotzdem ankündigen, um Verwirrung zu vermeiden.

DEN BALL IM GREEN ANGEBEN - Sie können Sie Ihren Ball straffrei anheben und reinigen.
Regel 14 erlaubt es Ihnen, Ihren Ball immer zu reinigen, wenn Sie ihn vom Green abheben.

VERBESSERUNG DER BEDINGUNGEN FÜR IHREN SCHLAG -Unerlaubt.

Spielen Sie den Ball so, wie er liegt. Sie erhalten eine allgemeine Strafe, wenn Sie Äste abbrechen, langes Gras oder Unkraut mit der Praxis abschneiden,

Schwünge machen oder irgendetwas zu tun, das die Bedingungen für Ihren Schlag verbessern würde (Regel 8). Wenn Ihr Ball extrem schwer zu spielen ist (z. B. wenn der Ball tief in einem dichten Busch liegt) und es keine freie Abhilfe nach den Regeln gibt, sollten Sie erwägen, den Ball für unspielbar zu erklären.

ERKLÄRUNG EINES BALLES FÜR UNSPIELBAR – Gibt Sie 3 Optionen mit 1 Strafschlag: 1. Wiederholung des Schlags (d.h. Schlag und Entfernung), 2. Zurück-auf-die-Linie-Relief oder 3. Sie nehmen einen seitlichen Drop von 2 Schlägerlängen.

Wenn Sie entscheiden, dass Ihr Ball unspielbar ist, erhalten Sie einen Strafschlag von 1 und haben 3 Möglichkeiten: 1) Sie gehen zurück und wiederholen den Schlag,

2) Auf der Linie zurückgehen, d. h. auf der Linie

zu einer günstigeren Stelle zurückgehen und eine Schlägerlänge beiderseits der Linie nicht näher zum Loch fallen lassen, oder 3) dort bleiben, wo Sie sind, und innerhalb von zwei Schlägerlängen nicht näher zum Loch von der aktuellen Position Ihres Balls fallen lassen (Regel 19).

BALL WIRD VON EINEM ANDEREN BEWEGT - Ersetzen Sie ihn ohne Strafe.
Wenn Ihr Ball zum Stillstand kommt und von einer anderen Person, einem Tier, einem anderen Ball usw. bewegt wird, müssen Sie ihn ersetzen, ohne Strafe. Wenn Ihr Gegner Ihren Ball bei der Suche nach dem Ball versehentlich verschiebt, gibt es keine Strafe. Wenn es kein Versehen war, erhält Ihr Gegner 1 Strafschlag für das absichtliche Verschieben Ihres Balls und Sie müssen Ihren Ball ersetzen (Regel 9).

BALL BEWEGT DURCH NATURKRÄFTE – Spielen, wie er liegt.
Wenn Ihr Ball im allgemeinen Bereich zum Liegen kommt und vom Wind an eine andere Stelle geweht wird oder von selbst einen Hügel hinunterrollt, müssen Sie den Ball von der Stelle aus spielen, an der er zum Liegen kam. Übrigens: Wenn Sie Ihren Ball auf dem Green markiert und angehoben haben und er sich *nach dem*

Wiedereinsetzen bewegt, müssen Sie ihn ohne Strafe wieder dorthin spielen, wo er lag (Regel 9).

ABLEGEN VON SCHLÄGERN USW. AUF DEM BODEN ZUM AUSRICHTEN - Nicht erlaubt.
Bisher konnte ein Spieler einen Schläger auf den Boden legen und den Schaft des Schlägers benutzen, um einen Schlag auszurichten. Ab 2019 ist dies auf dem gesamten Golfplatz nicht mehr erlaubt. Wenn Sie einen Schläger oder ein anderes Objekt auf den Boden legen, um Ihre Ausrichtung zu unterstützen, und dann Ihre Position einnehmen, machen Sie sich strafbar für eine allgemeine Strafe. Caddies dürfen nicht hinter der Spiellinie stehen.

Sie können die allgemeine Strafe nicht dadurch vermeiden, dass Sie (oder der Caddy) zurücktreten und den Schläger oder Gegenstand entfernen, nachdem Sie Ihre Position eingenommen haben (Regel 10).

NICHT SICHER ÜBER EINE REGEL - 2 Bälle spielen.
Wenn Sie beim Stroke Play nicht sicher sind, ob Sie eine Regel verletzt haben oder nicht, können Sie ankündigen, dass Sie zwei Bälle spielen werden, und den Ball bestimmen, der zählt, falls

es keine Regelverletzung gab. Behalten Sie Verfolgen Sie den Spielstand mit jedem Ball, bis Sie für das betreffende Loch einlochen. Holen Sie dann eine Entscheidung des Komitees ein und unterschreiben Sie Ihre Karte (Regel 20).

Wenn Sie glauben, dass Ihr Gegner gegen eine Regel verstoßen hat und er nicht zustimmt, müssen Sie Ihrem Gegner sagen, dass Sie eine Entscheidung beantragen werden, und dann einen Schiedsrichter fragen, sobald Sie einen Schiedsrichter oder den Ausschuss gefunden haben (Regel 20).

ENTFERNEN VON LOSEN HINDERNISSEN – Spieler führt zu 1 Strafschlag, wenn der Spieler seinen Ball dabei bewegt.
Es steht Ihnen frei, lose Hindernisse zu entfernen, aber wenn Sie Ihren Ball dabei bewegen, erhalten Sie einen Strafschlag (Regel 15).

Sand und loser Boden werden im allgemeinen Gebiet nicht als lose Hindernisse betrachtet, aber Spinnweben sind lose Hindernisse und können entfernt werden (Definitionen).

BESEITIGUNG BEWEGLICHER HINDERNISSE - OK ohne Strafe.
Ein Spieler kann bewegliche Hindernisse ohne Strafe entfernen. Wenn sich Ihr Ball bewegt, während Sie ein bewegliches Hindernis entfernen (z. B. eine Harke), gibt es keine Strafe. Sie müssen Ihren Ball wieder dorthin zurücklegen, wo er nach Ihrer Einschätzung war (Regel 15).

VERLORENE BÄLLE - Die Suchzeit ist auf 3 Minuten begrenzt, und wenn der Ball nach 3 Minuten nicht gefunden wurde, gilt er als verloren.
Bisher hatten Sie 5 Minuten Zeit, um nach Ihrem

Ball zu suchen. Ab 2019 wird die Suchzeit auf 3 Minuten verkürzt. Überprüfen Sie die Zeit, wenn Sie mit der Suche beginnen. Sobald 3 Minuten vergangen sind, gilt der Ball als verloren. Selbst wenn du deinen Ball nach 3 Minuten Suche findest, kannst du ihn nicht mehr spielen, da die Regeln für verlorene Bälle gelten (Regel 18).

SUCHE NACH EINEM BALL UND BALL BEWEGT SICH WÄHREND DER SUCHE - Ersetzen Sie sie ohne Strafe.

Bislang wurden Sie bestraft, wenn Sie Ihren Ball bei der Suche verschoben haben. Ab 2019 gibt es keine Strafe mehr, wenn Sie oder eine andere Person den Ball bei der Suche versehentlich verschieben. Sie müssen den Ball einfach straffrei ersetzen.

Wenn du die genaue Stelle, an der sich der Ball befand, bevor er verschoben wurde, nicht kennst, kannst du die Stelle nach bestem Wissen und Gewissen schätzen und sie ersetzen. Dazu gehört, dass du die Position deines Balls auf, unter oder gegen alles, auf dem er lag, wiederherstellst, und zwar so nahe an der Stelle, wie du sie am besten schätzen kannst (Regel 7).

BALL UNABSICHTLICH ABGEFÄLSCHT -

Spielen Sie ihn wie er liegt, ohne Strafe.

Im Allgemeinen gilt, wenn Ihr Ball versehentlich von einer Person oder einem Gegenstand im allgemeinen Bereich abgelenkt wird, gibt es keine Strafe. Sie spielen Ihren nächsten Schlag von dort, wo der Ball liegt (Regel 11). Für Bälle auf den Greens gelten andere Regeln für versehentliche Ablenkungen. Siehe den Abschnitt über das Green.

DEN FALSCHEN BALL SPIELEN - Eine allgemeine Strafe fällt an.
Beim Schlagspiel erhalten Sie einen Strafschlag von 2 Schlägen, wenn Sie den falschen Ball spielen. Nach der 2-Schläge-Strafe suchen Sie Ihren eigenen Ball und spielen ihn (Regel 6). Wenn Ihr eigener Ball verloren geht, behandeln Sie ihn wie einen verlorenen Ball, nehmen eine Schlag- und EntfernungsRelief in Kauf und kehren dorthin zurück, wo Sie ihn geschlagen haben.

Der Schlag, der mit dem falschen Ball gemacht wurde (und alle weiteren Schläge), zählt nicht. Wenn Sie den Fehler nicht korrigieren, bevor Sie am nächsten Loch abschlagen, erhalten Sie eine DQd. Wenn Sie am letzten Loch einen falschen Ball schlagen, müssen Sie zurückgehen und den

Fehler korrigieren, bevor Sie Ihre Scorekarte abgeben, sonst erhalten Sie ein DQd (Regel 6).

Im Matchplay ist die Strafe für das Spielen des falschen Balls eine allgemeine Strafe (Lochverlust). Wenn ein Spieler den Ball des anderen schlägt, verliert derjenige das Loch, der als erster einen Schlag auf einen falschen Ball macht. Wenn nicht bekannt ist, welcher falsche Ball zuerst gespielt wurde, gibt es keine Strafe und das Loch muss mit vertauschten Bällen zu Ende gespielt werden (Regel 6).

JEMAND SPIELT IHREN BALL – Ersetzen Sie Ihren Ball oder einen anderen Ball wieder dorthin, wo er war, und setzen Sie das Spiel fort.
Ersetzen Sie Ihren Ball oder einen anderen Ball an der Stelle, an der Ihr Ball fälschlicherweise von einem anderen gespielt wurde. Wenn die genaue Stelle nicht bekannt ist, schätzen Sie nach bestem Wissen und Gewissen, wo sie war (Regel 6 und 14).

DOPPELTER ODER MEHRFACHER SCHLAG - Zählt als 1 Schlag.
Ab 2019 gibt es keine Strafe mehr für einen

versehentlichen Doppeltreffer oder versehentliche Mehrfachtreffer in einem Schlag und sie zählen nur noch als ein Schlag. Der Spieler muss den nächsten Ball so spielen, wie er liegt (Regel 10).

READY GOLF - Erlaubt.
Normalerweise spielt der Spieler, der am weitesten vom Loch entfernt ist, zuerst. Wenn Sie außer der Reihe spielen, hat Ihr Gegner im Matchplay die Möglichkeit, Ihren Schlag zu annullieren und das Spiel zu wiederholen. Beim Stroke Play gibt es keine Strafe, es sei denn, zwei oder mehr Spieler einigen sich darauf, außer der Reihe zu spielen, um einem von ihnen einen Vorteil zu verschaffen, und wenn sie dies tun, müssen diese Spieler jeweils eine allgemeine Strafe zahlen (Regel 6). Ab 2019 können die Spieler untereinander vereinbaren, "bereites Golf" zu spielen und den Spielern in ihrer Gruppe, die bereit sind, ihren Schlag zu machen, dies zu erlauben (Regel 6).

BERATUNG (UM RAT FRAGEN ODER RAT GEBEN) - Nur erlaubt, wenn es sich um öffentliche Informationen handelt.

Sie können Entfernungen zum Green, Bunker, Strafbereiche, die Spiellinie oder andere Themen

diskutieren.
das ist eine öffentliche Information.
Andernfalls dürfen Sie einem anderen Spieler keine Ratschläge erteilen oder ihn darum bitten (z. B. "Welchen Schläger haben Sie benutzt?" usw.) oder sich eine allgemeine Strafe einhandeln (Regel 10).

Es ist auch nicht erlaubt, auf dem Putting Green um Ratschläge für die Spiellinie des gespielten Lochs zu bitten (Regel 10).

Partner, die auf einer Seite spielen, können sich gegenseitig straffrei Ratschläge erteilen (Regel 24).

BLITZSCHLAG - Markieren und aufheben.
Sie sind nicht verpflichtet, das Spiel fortzusetzen, wenn Sie vernünftigerweise annehmen, dass Gefahr durch Blitzschlag besteht. Markieren Sie Ihren Ball und setzen Sie das Spiel fort, wenn kein Blitz mehr zu sehen ist (Regel 5).

RELIEF IM ALLGEMEINEN BEREICH

MARKIEREN DES BALLES VOR DEM AUFHEBEN - Wenn nicht markiert, erhält der Spieler 1 Strafschlag.

Legen Sie einen Marker, eine Münze usw. direkt hinter oder neben den Ball oder halten Sie einen Schläger auf dem Boden direkt hinter oder neben dem Ball, bevor Sie ihn anheben, oder Sie erhalten einen Strafschlag (Regel 14).

GOLFBÄLLE WECHSELN - Ist erlaubt, wenn Sie Ablösung nehmen, zwischen den Löchern oder wenn Ihr Ball beschädigt ist.
Ab 2019 können Sie einen anderen Ball zwischen den Löchern oder bei der Ablösung austauschen (Regeln 6 und 14). Wenn Ihr Ball einen Schnitt oder Riss hat, können Sie einen anderen Ball ersetzen (Regel 4). Markieren Sie ihn, bevor Sie ihn anheben, um ihn auf Schäden zu untersuchen. Sie dürfen Ihren Ball nicht reinigen, wenn Sie ihn auf Schäden untersuchen, da Sie sonst 1 Schlag verlieren. Sie ersetzen Ihren Ball (oder einen anderen Ball, wenn Ihr Ball zerschnitten oder gerissen ist) an der Stelle, die Sie markiert haben (Regel 14).

**FINDEN DES NÄCHSTEN RELIEF-PUNKTES –
Nicht näher am Loch.**
Sie müssen den nächstgelegenen Relief-Punkt finden, wenn Sie von einer anormalen Platzbedingung, einer gefährlichen Tierbedingung, einem falschen Green oder einer Spielverbotszone sich für den freien Relief entscheiden. Wenn Ihr Ball zum Beispiel auf einem unbeweglichen Hindernis wie einem betonierten Karrenweg zum Liegen kommt, können Sie den Ball so spielen, wie er liegt, oder Sie können ein freies Relief nehmen, und wenn das der Fall ist, müssen Sie gemäß den Regeln den nächstgelegenen Reliefpunkt finden.

Um den nächstgelegenen Reliefspunkt zu finden, schauen Sie sich um (d. h. rechts, links und hinter Ihnen) und suchen einen Platz abseits des Cart-Pfads (nicht in der Nähe des Lochs).

Sie entscheiden, welchen Schläger Sie ab dem Punkt, an dem Ihr Ball auf der Cartbahn zur Ruhe gekommen ist, vernünftigerweise für den Schlag verwendet hätten. Nehmen wir an, Sie entscheiden, dass Sie für Ihren nächsten Schlag ein 8er-Eisen verwenden würden. Nehmen Sie mit Ihrem 8er-Eisen eine Position auf dem nächstgelegenen Reliefpunkt ein, der sich rechts, links oder hinter Ihnen befinden kann. Wenn Sie Ihren Standpunkt einnehmen, stellen Sie zunächst fest, ob es eine vollständige Relief gibt (z. B. wenn Sie nach rechts gehen, gibt es immer noch einen Abschnitt des Cart-Weges, der Ihren Stand oder Schwung behindert). Prüfen Sie also andere Stellen auf der linken Seite und hinter Ihnen, und finden Sie eine Stelle auf der linken Seite, die dem Ball auf dem Karrenweg am nächsten ist und an der es keinerlei Beeinträchtigung durch den Karrenweg oder andere Dinge gibt. Dies ist der nächstgelegene Punkt der Relief und Sie markieren ihn mit einem Abschlag oder einer anderen Markierung.

Dann messen Sie mit dem längsten Schläger in Ihrer Tasche (außer Ihrem Putter) eine Schlägerlänge seitlich und hinter diesem Punkt - nicht näher am Loch - und das istdem Reliefsbereich, in dem Sie einen Drop machen können.

Auch hier gilt: Wenn Sie mit dem Ablegen im Reliefbereich nicht zufrieden sind, können Sie Ihren Ball immer noch so spielen, wie er auf der Cartbahn liegt. Wenn Sie jedoch damit zufrieden sind, heben Sie Ihren Ball von der Bahn ab, lassen ihn im Reliefbereich fallen und spielen Ihren nächsten Schlag (Definitionen und Regel 16).

ABNORMALE BODENVERHÄLTNISSE - Sie kostenlose Relief bei Tierlöchern, G.U.R., unbeweglichen Hindernissen oder vorübergehendem Wasser erhalten.

Anormale Platzbedingungen sind 1) ein Tierloch, 2) G.U.R. (ground under repair), 3) unbewegliche Hindernisse (z. B. eine Betonfahrbahn, ein Sprinklerkopf usw.) oder 4) vorübergehendes Wasser (Regel 16).

Wenn Ihr Ball in oder auf einer anormalen Bodenbeschaffenheit im allgemeinen Bereich zu liegen kommt, oder wenn die Beschaffenheit Ihre Haltung oder Ihren Schwung beeinträchtigt, können Sie Ihren Ball entweder so spielen, wie er liegt, oder Sie nehmen eine freie Ablösung.

Wenn Sie sich sicher sind, dass Ihr Ball in einen Bereich mit anormalen Platzbedingungen geraten ist, Sie Ihren Ball aber nicht innerhalb von 3 Minuten wiederfinden können (z.B. in einen überwucherten G.U.R.-Bereich gerollt, etc.), erhalten Sie eine freie Relief. Um eine freie Relief zu erhalten, suchen Sie den nächstgelegenen Punkt der Relief, der nicht näher am Loch liegt und bei dem der Zustand Ihren Schlag, Ihre Haltung oder Ihren Schwung nicht beeinträchtigt, und lassen Sie Ihren Ball oder einen anderen Ball innerhalb einer Schlägerlänge fallen (Regel 16).

TIERLÖCHER - Freier Relief.

Bisher konnten Sie sich bei Löchern ein Relief erlauben, die von Tieren gegraben wurden. Ab 2019 können Sie das Relief für alle von Tieren gegrabenen Löcher in Anspruch nehmen, unabhängig davon, ob es sich um ein Wühltier handelt oder nicht. Es gibt keinen Relief bei Löchern, die von Würmern, Insekten und ähnlichen wirbellosen Tieren verursacht werden (Regel 16).

TEMPORÄRES WASSER - Freier Relief.

Pfützen auf dem Platz im allgemeinen Bereich sind temporäres Wasser. Es reicht nicht aus, dass der Boden lediglich nass, schlammig oder weich ist oder dass das Wasser kurzzeitig sichtbar ist, wenn der Spieler die Fläche betritt. Damit eine Pfütze als temporäres Wasser gilt, muss die Wasseransammlung entweder vor oder nach dem Betreten der Fläche vorhanden sein. Tau und Frost sind kein temporäres Wasser. Sie können Ihren Ball so spielen, wie er liegt, oder Sie können frei zum nächstgelegenen Reliefspunkt gehen und Ihren Ball innerhalb einer Schlägerlänge nicht näher zum Loch fallen lassen (Regel 16).

GEFÄHRLICHE TIERZUSTÄNDE - Frei Befreiung

Wenn Sie auf eine gefährliche Tierart stoßen, können Sie sich kostenlos zum nächstgelegenen Reliefspunkt begeben (Regel 16). Wenn eine gefährliche Tierart Ihren Schlag beeinträchtigt (z. B. Giftschlangen, Wespennester, Alligatoren, Feuerameisen usw.), können Sie freien Relief durch Auffinden des nächstgelegenen Reliefpunktes holen. Der nächstgelegene Punkt des RELIEFS ist der Punkt, an dem die gefährliche Tierbedingung nicht mehr besteht, nicht näher am Loch, und von diesem Punkt aus muss ein Drop von 1 Schlägerlänge erfolgen (Regel 16).

BEWEGLICHE OBSTRUKTUREN - Kostenloses Relief.

Sie können bewegliche Hindernisse straffrei entfernen (z. B. Seile, eine Abschlagmarkierung auf der Abschlagfläche eines anderen Lochs, Pfähle, kleine und große Trümmer usw.). Wenn sich Ihr Ball bewegt, stellen Sie ihn ohne Strafe wieder an die Stelle, an der er sich befand (Regel 15).

BALL TRIFFT AUF BEWEGLICHE HINDERDERNISSE- Freier RELIEF.
Wenn Ihr Ball auf einem beweglichen Hindernis (z. B. einem zusammengeklappten Regenschirm, einem Handtuch, einer Papiertüte usw.) zum Liegen kommt, lassen Sie Ihren Ball innerhalb einer Schlägerlänge in demselben Bereich fallen, in dem sich der Ball befand, nicht näher zum Loch (Regel 15).

STECKENDER BALL - Kostenloses Relief.

Bisher konnten Sie einen eingebetteten Ball nur entfernen, wenn er im Fairway eingebettet war. Seit 2019, können Sie den Ball so spielen, wie er liegt, oder einen freien Drop machen, wenn Ihr Ball im allgemeinen Bereich eingebettet ist, d.h. im Rough, Semi-Rough, auf dem Fairway usw. Markieren Sie die Stelle hinter dem Ball, heben Sie ihn an, säubern Sie ihn und spielen Sie einen freien Drop aus Kniehöhe innerhalb einer Schlägerlänge von Ihrer Markierung, nicht näher zum Loch (Regel 16).

FALSCHES GREEN - Freies Relief.
Wenn Ihr Ball früher auf dem falschen Green

liegen blieb, mussten Sie ihn aufheben und Ihren Ball auf den nächstgelegenen Reliefpunkt außerhalb des Greens spielen, der nicht näher am Loch liegt. Sie konnten auf dem Green selbst Stellung beziehen, um Ihren nächsten Schlag zu spielen.

Ab 2019 dürfen Sie nicht mehr auf dem Green stehen oder eine Stellung einnehmen, bei der die Schwungbahn die Oberfläche des Greens berühren könnte. Sie müssen Ihren Ball so fallen lassen, dass Sie keine Stellung auf dem Green einnehmen und die Bahn Ihres Schwungs die Oberfläche des Greens nicht berühren kann (Regel 13).

AUS KNIEHÖHE FALLEN LASSEN -
Verfahren, etc.

Vor 2019 musste man den Ball in Schulterhöhe halten und fallen lassen. Jetzt muss man den Ball aus Kniehöhe fallen lassen (Regel 14.3). Es kann vorkommen, dass ein Spieler den Ball versehentlich (oder aus alter Gewohnheit) aus Schulterhöhe fallen lässt. In diesem Fall muss der Spieler den Ball aufheben, bevor er ihn spielt, und ihn erneut aus Kniehöhe fallen lassen, ohne eine Strafe zu erhalten.

Wenn der Spieler den Ball nicht aus Kniehöhe oder nicht im Reliefsbereich fallen lässt, sondern der Ball im richtigen Reliefsbereich zu liegen kommt, erhält er einen Strafschlag, wenn er den Schlag ausführt (Regel 14).

Wenn er ihn aus Kniehöhe richtig fallen lässt und der Ball aus dem Reliefsbereich rollt, erhält er eine allgemeine Strafe, wenn er ihn spielt.

Wenn der Spieler den Ball aus Kniehöhe fallen lässt, darf der Ball auf dem Weg nach unten keinen Teil des Körpers oder der Ausrüstung des Spielers berühren, bevor er den Boden berührt. Andernfalls muss der Spieler ihn ohne

Strafe erneut fallen lassen. Ein Ball muss in einen Reliefsbereich fallen gelassen werden und in diesem Reliefsbereich zur Ruhe kommen. Wenn er herausrollt, muss er erneut fallen gelassen werden, und wenn er ein zweites Mal herausrollt, muss der Ball an der Stelle, an der er beim zweiten Fallenlassen auf dem Boden aufgeschlagen ist, in den Reliefsbereich gelegt werden.

Wenn Sie den Ball aus Kniehöhe fallen lassen und der Ball nach dem Aufprall auf dem Boden versehentlich eine Person oder einen Gegenstand trifft und in der Auslaufzone zum Liegen kommt, ist dies ein legaler Abwurf und Sie können ihn nicht erneut fallen lassen, sondern müssen den Ball so spielen, wie er in der Auslaufzone liegt (Regel 14).

BALL ROLLT AUS DEM RELIEFSBEREICH NACH DROP - Verfahren.

Wie im vorangegangenen Abschnitt beschrieben, muss der Ball beim Abwurf in der Abwurfzone landen, dort zur Ruhe kommen und von dort aus gespielt werden. Wenn er nicht in der Abwurfzone zum Liegen kommt, muss der Spieler ihn ein zweites Mal abwerfen, und wenn er wieder nicht in der Abwurfzone zum Liegen kommt, muss der

Spieler den Ball an der Stelle ablegen, an der er ihn ein zweites Mal abgeworfen hat. Nehmen wir an, der Spieler legt seinen Ball an der Stelle ab, an der sein zweiter Abwurf den Boden berührte, und der Ball bleibt trotzdem nicht liegen, sondern rollt weg. Wenn in diesem Fall ein fallengelassener Ball nach zwei Würfen nicht im Reliefsbereich liegen bleibt und auch beim Ablegen nicht auf der Stelle liegen bleibt, muss er erneut auf dieselbe Stelle gelegt werden, und wenn er wieder wegrollt, muss der Spieler einen Ball auf die nächstgelegene Stelle legen, wo der Ball liegen bleibt (Regel 14).

ABLEGEN, WENN EIN SPIELER HÄTTE ERSETZT WERDEN SOLLEN ODER UMGEKEHRT – Spieler führt zu einer allgemeinen Strafe.

Wenn Sie Ihren Ball versehentlich fallen lassen, anstatt ihn zu ersetzen, wenn die Regeln dies vorschreiben, oder umgekehrt, erhalten Sie eine allgemeine Strafe, wenn Sie den Stoß spielen. Wenn Sie den Fehler bemerken, bevor Sie den Stoß spielen, und das korrekte Verfahren befolgen (d. h. Sie lassen den Ball fallen, bemerken dann, dass Sie ihn ersetzen müssen, und ersetzen ihn vor dem Spielen des Stoßes korrekt), gibt es keine Strafe (Regel 14).

EIN ANDERER BALL STÖRT IHREN PLAY - Bitten Sie den anderen Spieler, den Ball zu markieren, oder der andere Spieler kann seinen Ball beim Schlagspiel zuerst spielen.

Wenn ein anderer Ball zu nahe an Ihrem Ball liegt, so dass er Ihren Schlag behindert, gibt es 2 Möglichkeiten. Erstens können Sie den anderen Spieler bitten, den Ball anzuheben. Der andere Spieler markiert dann seinen Ball und hebt ihn auf. Wenn der andere Spieler es versäumt, den Ball zu markieren oder zu säubern, erhält er einen Strafschlag von 1 Schlag. Zweitens hat der andere Spieler beim Schlagspiel die Möglichkeit, zuerst zu spielen, anstatt seinen Ball zu markieren und zu heben (Regel 15).

EINGEBETTETER BALL IM MIT SAND GEFÜLLTEN FAIRWAY-DIVOT ODER IN DER DRAINAGE - Mögliches freies Relief im allgemeinen Bereich, wenn das Gras auf Fairwayhöhe geschnitten ist.

Dies mag eine Grauzone sein, aber wenn ein Ball wirklich in Sand auf dem Fairway oder in einem anderen Teil des allgemeinen Bereichs eingebettet ist, kann man argumentieren, dass eine freie Relief erlaubt ist, wenn der Sand, in dem Ihr Ball eingebettet ist, in dem allgemeinen Bereich liegt, der auf Fairwayhöhe oder weniger geschnitten ist. Dies würde bedeuten, dass Sie Relief für einen Ball erhalten, der in seiner eigenen Pitchmarkierung in einem mit Sand gefüllten Divot oder einer Drainage auf dem Fairway eingebettet ist, vorausgesetzt, der Sand oder die Drainage befindet sich in einem Bereich, der auf Fairwayhöhe oder weniger geschnitten ist (Regel 16.3a und Ausnahmen nach dieser Regel).

STRAFE FÜR ÜBERSCHREIBUNG ODER BALLVERLUST – ABSCHLAG und Relief oder nach den örtlichen Regeln.

Schlägt ein Spieler seinen Ball aus dem allgemeinen Bereich ins Aus oder geht sein Ball verloren, erhält er eine Strafe von 1 Schlag und muss zurückgehen und den Ball von der ursprünglichen Stelle aus spielen, an der er sich befand (d.h. eine Schlag- und Entfernungsrelief nehmen). Ein Ball gilt als verloren, wenn er nicht innerhalb von 3 Minuten nach Beginn der Suche gefunden wird. Wenn Sie glauben, dass Sie Ihren Ball OB getroffen haben oder er verloren sein könnte, spielen Sie normalerweise einen provisorischen Ball von der Stelle, an der Sie Ihren ursprünglichen Ball getroffen haben.

Du spielst deinen provisorischen Ball bis zu der

Stelle, an der du deinen ursprünglichen Ball vermutest. Wenn Sie das nicht können
Finden Sie Ihren Ball, oder wenn er OB ist, zählen Sie den Schlag des ersten Balls und die Schläge des provisorischen Balls bis zu dem Punkt, an dem Ihr ursprünglicher Ball gelandet ist, fügen Sie einen Strafschlag hinzu und spielen das Loch mit dem provisorischen Ball aus.

Wenn dein provisorischer Ball zufällig an der Stelle vorbeigegangen ist, an der dein ursprünglicher Ball gelandet ist, darfst du deinen provisorischen Ball nicht spielen, bis du deinen ursprünglichen Ball gefunden oder 3 Minuten lang gesucht hast.
Wenn Sie Ihren Ball finden, müssen Sie ihn spielen und Ihren provisorischen Ball aufheben.

Ab 2019 kann ein Golfplatzkomitee nach einer neuen lokalen Regel einem Spieler die Möglichkeit geben, einen Ball fallen zu lassen, ohne zu dem Punkt zurückgehen zu müssen, an dem Sie den Ball geschlagen haben, der verloren ging oder OB wurde, und wenn Sie keinen provisorischen Ball gespielt haben.

Das Komitee hat die Möglichkeit, eine lokale

Regel zu erlassen, die es erlaubt, einen weiteren Ball fallen zu lassen und eine Strafe von zwei Schlägen zu kassieren, um das Spiel zu beschleunigen. Diese lokale Regel hilft einem Spieler (und dem Spieltempo), der keinen provisorischen Ball gespielt hat, an den Ort des letzten Schlags zurückzukehren. Bei dieser Option werfen Sie Ihren Ball in ein großes Relief, das sich zwischen zwei Linien befindet.

Die erste Linie wird mit Hilfe des "Ballreferenzpunktes" festgelegt, einer Linie, die vom Loch zum Ballreferenzpunkt gezogen wird, der der Punkt ist, an dem der Ball verloren wurde oder ins Aus ging.

Die zweite Linie ist eine Linie, die vom Loch zum "Fairway-Referenzpunkt" gezogen wird. Der Fairway-Referenzpunkt ist ein Punkt, den Sie am nächstgelegenen Rand des Fairways markieren, der nicht näher am Loch liegt.

Der Reliefsbereich liegt zwischen diesen beiden Linien. Oder anders gesagt, in dem Bereich zwischen der Stelle, an der der Ball verloren wurde oder ins Aus ging, und dem nächstgelegenen Rand des Fairways (nicht näher zum Loch).

Außerdem wirddem Reliefsbereich um zwei Schlägerlängen an den Außenkanten des "Ballreferenzpunktes" und des "Fairwayreferenzpunktes" (nicht näher zum Loch) erweitert.

Diese örtliche Regelung ist nicht für das professionelle Spiel oder hohe Amateurwettbewerbe gedacht, sondern soll dazu beitragen, das Spieltempo zu beschleunigen.

Der Spieler darf diese Option auch nicht nutzen, wenn er einen provisorischen Ball gespielt hat.

Ab 2019 gibt es eine Muster-Lokalvorschrift für einen Golfplatzausschuss, die angenommen werden kann
Und die Sie hier Finden > USGA, Draft of Model Local Rule, sehediesen Link, "Stroke and Distance: Download the draft text as a PDF", und der Link lautet > http://www.usga.org/content/usga/home-page/ruleshub/rules-modernization/major-changes/golfs-new-rulesstroke-and- distance.html

Der Spieler darf diese Option nicht nutzen, wenn er weiß, dass sich sein Ball in einem Strafraum befindet. Wenn sich der Ball des Spielers in einem Strafraum befindet, lesen Sie den Abschnitt Strafraum in diesem Buch auf Seite 51, wenn Ihr Ball in einen Strafraum gelangt ist, für den eigene Regeln gelten.

MARKIERUNGEN BEHINDERN IHREN SCHLAGANFALL, HALTUNG ODER SCHWUNG - Keine Relief.
Wenn Sie Ihren Ball finden und Ihr Schlag, Ihre Haltung oder Ihr Schwung durch einen OB-Marker behindert wird, gibt es keine kostenlose Relief. Sie dürfen den OB-Marker nicht verschieben, und wenn Sie ihn verschieben, ziehen Sie eine allgemeine Strafe nach sich (Regel 8 und Definitionen).

Sie können sich von künstlichen Objekten wie einem Feldweg, einem Gebäude oder einem Pfahl, der einen Strafraum markiert, befreien lassen - nicht aber von OB-Markierungen.

Wenn Sie durch eine OB-Markierung behindert werden (und sich nicht in einem Strafraum befinden), haben Sie folgende Möglichkeiten: 1) Spielen Sie den Ball so, wie er liegt, 2) Nehmen Sie eine Schlag- und Entfernungserleichterung in

Anspruch, indem Sie von der Stelle Ihres letzten Schlags aus weiterspielen, oder 3) Erklären Sie Ihren Ball für unspielbar und nutzen Sie die im nächsten Absatz (Regel 19) beschriebenen Optionen für unspielbar.

IHREN BALL FÜR UNSPIELBAR ZU ERKLÄREN
- Sie haben drei Möglichkeiten: 1. Relief von Hub und Distanz, 2. Relief von der Linie oder
3. Nehmen Sie einen seitlichen Drop von 2 Schlägerlängen nicht näher zum Loch.

Wenn Sie entscheiden, dass Ihr Ball unspielbar ist, erhalten Sie einen Strafschlag von 1 Schlag und haben 3 Möglichkeiten: 1) Sie gehen zurück und wiederholen den Schlag,
2) Auf der Linie zurückgehen, d. h. auf der Linie zu einer günstigeren Stelle zurückgehen und eine Schlägerlänge beiderseits der Linie nicht näher zum Loch fallen lassen, oder 3) dort bleiben, wo Sie sind, und innerhalb von zwei Schlägerlängen nicht näher zum Loch von der aktuellen Position Ihres Balls fallen lassen (Regel 19).

SUCHEN SIE NACH AUSGEWIESENEN ABWURFZONEN.

Denken Sie daran, nach ausgewiesenen Abwurfstellen Ausschau zu halten.

STRAFGEBIETE

DER AUSSCHUSS KANN EINE STRAFE FESTLEGEN BEREICHE.
Auf einem Golfplatz kann es Bereiche geben, in denen Spieler häufig Bälle verlieren und das Spieltempo auf der Suche nach einem Ball verlangsamen. Ab 2019 kann ein Komitee einen oder mehrere Bereiche als "Strafbereich(e)" bezeichnen.

Um ein gutes Spieltempo aufrechtzuerhalten, kann ein Komitee Bereiche mit hohem Gras, dichter Vegetation und andere Bereiche außer Seen, Teichen, Flüssen, Schluchten usw., in denen es normalerweise schwierig ist, den Ball zu finden oder von dort aus zu spielen, als "Strafbereiche" ausweisen. Ein Spieler kann seinen Ball so spielen, wie er in einem Strafbereich liegt, oder er kann Strafbereichsrelief in Anspruch nehmen, wenn er seinen Ball außerhalb des Strafbereichs spielen kann (Regel 17).

GELBE UND ROTE STRAFRÄUME - Der Spieler darf den Ball so spielen, wie er liegt, ohne eine Strafe zu erhalten.
Es gibt zwei Arten von Strafräumen - Rot abgesteckt oder gesäumt und gelb abgesteckt oder gesäumt. Sie können Ihren Ball so spielen,

wie er liegt (und lose Hindernisse entfernen, üben Wenn Sie sich jedoch anders entscheiden, müssen Sie die entsprechende Strafraumbefreiung für diesen Bereich in Anspruch nehmen (Regel 17).

GELB ABGESTECKTES STRAFRAUMRELIEF
– **Nehmen Sie Schlag- und Entfernungsrelief oder Back-on-the-Line-Relief**.

Wenn Ihr Ball in einem gelb abgesteckten oder abgesteckten Strafraum zum Liegen kommt oder Sie praktisch sicher sind, dass er sich in einem gelb abgesteckten Strafraum befindet, können Sie den Ball so spielen, wie er liegt, Ihren Schläger schleifen, lose Hindernisse entfernen und Übungsschwünge machen, die den Boden treffen (Regel 17).

Oder Sie können 1 Strafschlag nehmen und entweder 1) zu der Stelle zurückgehen, an der Sie Ihren vorherigen Schlag außerhalb des Strafraums gemacht haben, und einen Drop von 1 Schlägerlänge nehmen (d.h. Schlag- und Entfernungsrelief nehmen), oder 2) Back-on-the-Line-Relief nehmen (d.h. auf einer Verlängerung einer Linie vom Loch bis zu der Stelle, an der der Ball in den Strafraum gekommen ist, so weit zurückgehen, wie Sie wollen) mit einem Drop von 1 Schlägerlänge von der Linie, die nicht näher am Loch liegt (Regel 17).

ROT ABGESTECKTER STRAFRAUM RELIEF - Nehmen Sie Schlag und Abstand, Back-on-the-Line-Relief (wie in einem gelben Strafbereich) oder (zusätzlich) einen seitlichen Drop von 2 Schlägerlängen. Wenn Ihr Ball in einer rot abgesteckten oder rot umrandeten Strafzone liegt oder Sie sich praktisch sicher sind, dass er dort liegt, können Sie den Ball so spielen, wie er liegt, Ihren Schläger auf den Boden legen, lose Hindernisse entfernen und Übungsschläge machen, die den Boden treffen (Regel 17).

Oder Sie können die gleichen beiden Möglichkeiten der Relief nutzen wie bei einem gelb abgesteckten Strafraum und zusätzlich einen seitlichen Drop von 2 Schlägerlängen von dem Punkt aus machen, an dem der Ball zuletzt den Rand des roten Strafraums überquert hat und nicht näher am Loch liegt (Regel 17).

OK, UM DEN SCHLÄGER ZU SCHLEIFEN, ÜBUNGSSCHWÜNGE ZU MACHEN, USW. IN

EINEM STRAFBEREICH – Jetzt erlaubt.

Vor 2019 wurden Sie generell bestraft, wenn Sie in einem Gefahrenbereich den Boden berührten, Ihren Schläger auf den Boden stellten oder lose Hindernisse entfernten. Ab 2019 dürfen Sie Ihren Schläger hinter dem Ball aufsetzen, Übungsschläge machen usw., auch wenn sich Ihr Ball im Wasser befindet (Regel 17).

BESEITIGUNG LOSER HINDERNISSE IN STRAFBEREICHE - Erlaubt.

Denken Sie daran, wenn Sie Ihren Ball bewegen, während Sie ein loses Hindernis entfernen, erhalten Sie einen Strafschlag von 1 und müssen Ihren Ball in die ursprüngliche Position zurücklegen, bevor Sie ihn bewegt haben. Wenn Sie sich entscheiden, den Ball so zu spielen, wie er liegt, dürfen Sie natürlich die Bedingungen Ihres Schlags nicht verbessern (z. B. Äste abbrechen usw.), sonst erhalten Sie eine allgemeine Strafe (Regel 17).

KEINE KOSTENLOSE RELIEF IN EINER STRAFZONE BEI ANORMALEN KURSBEDINGUNGEN ODER EMBEDDEDBALL - Der Spieler muss im Strafraum abschlagen.

Wenn sich Ihr Ball in einem Strafraum befindet, gibt es kein kostenloses Relief aufgrund von anormalen Platzbedingungen (z. B. Tierloch, in Reparatur befindlicher Boden, unbewegliches Hindernis oder vorübergehendes Wasser). Es gibt auch keinen Relief für eingebettete Bälle (Regel 17).

KEIN UNBESPIELBARMACHEN DES BALLS IN EINEM STRAFBEREICH - Ein Spieler muss die entsprechende Strafraumablösung nehmen.

Strafräume erlauben es nicht, den Ball alsunspielbar zu erklären und nutzen Sie die Optionen für unspielbare Bälle zur Abhilfe. Sie können natürlich entscheiden, den Ball so zu spielen, wie er liegt, ohne eine Strafe zu erhalten.

BALLVERLUST IM STRAFENBEREICH - Wenn ein Spieler sicher ist, dass sein Ball in einen Strafraum gelangt ist, und ihn nicht wiederfindet, muss die entsprechende Strafraumbefreiung in Anspruch nehmen.
Ein Ball gilt als verloren, wenn er nicht innerhalb von 3 Minuten gefunden wird, und der Spieler muss die entsprechende Strafraumbefreiung in Anspruch nehmen (Regel 17.1c). Ist der Spieler nicht sicher, dass sein Ball in den Strafraum

gelangt ist, und kann er ihn nicht wiederfinden, muss er für einen verlorenen Ball eine Schlag- und DistanzRelief in Anspruch nehmen (Regel 18.2).

SPIELVERBOTSZONE IN EINEM STRAFRAUM – A muss der Spieler eine entsprechende rote oder gelbe Strafraumbefreiung nehmen.
Ein Spieler kann einen Ball nicht spielen, da er in einer Spielverbotszone liegt, und muss eine StrafRelief für einen roten oder gelben Bereich in Anspruch nehmen (Regel 17).

WENN DER BALL TEILWEISE AUF EINER STRAFLINIEN FÄLLT - Er befindet sich im Strafraum.
Ein Ball wird immer so behandelt, als läge er nur in einem Bereich des Spielfelds.

Wenn ein Teil des Balls den Rand eines Strafraums berührt, so dass er zum Beispiel teilweise im "allgemeinen Bereich" und teilweise im "Strafraum" liegt, wird er so behandelt, als läge er im spezifischeren Bereich, der der Strafraum wäre. Wenn ein Ball teilweise in zwei "spezifischen Bereichen" zum Liegen kommt, wird er so behandelt, als läge er in dem spezifischen Bereich, der in dieser Reihenfolge zuerst kommt: 1) Strafraum, 2) Bunker, 3) Putting Green (Regel 2 und 17). Da die Strafzone die erste in dieser Reihenfolge ist, gilt der Ball als in der Strafzone liegend.

WASSERGEFAHREN SIND JETZT IN "STRAFBEREICHE".

Vor 2019 wurde in den alten Regeln von "Wasserhindernissen" gesprochen, die einen seitlichen Abwurf möglicherweise nicht zuließen. Jetzt werden Wasserflächen als "penalty areas" bezeichnet. Wenn das Wasser als roter Strafbereich markiert ist, nehmen Sie eine rote StrafbereichsRelief und rot markierte Bereiche erlauben eine seitliche Relief von 2 Schlägerlängen. Ist das Gewässer als gelbe Strafzone markiert, nehmen Sie eine gelbe StrafzonenRelief (Schlag- und EntfernungsRelief oder Rücken-an-Linie-Relief).

Wenn das Wasser nicht rot oder gelb markiert ist, ist es als rot angenommen (Definition des Strafraums).

GEFÄHRLICHER ZUSTAND DES TIERES IN EINEM STRAFBEREICH - Freie Relief, wenn der nächstgelegene Reliefspunkt im Strafraum liegt, oder 1 Schlag Strafschlag, wenn der nächstgelegene Reliefspunkt außerhalb des

Strafraums liegt.
Wenn sich Ihr Ball innerhalb der Strafzone befindet und eine gefährliche Tierart Ihren Schlag behindert (z.B. Giftschlangen, Alligatoren, Wespennester, etc.), können Sie ein freies Relief nehmen, indem Sie den nächstgelegenen Reliefspunkt (nicht näher am Loch) innerhalb der Strafzone suchen. Der nächstgelegene Reliefspunkt muss sich innerhalb der Strafzone befinden, in der die Gefahr durch das Tier nicht mehr besteht, und Sie müssen einen Drop von 1 Schlägerlänge machen (Regel 16).

Wenn es keinen nächstgelegenen Punkt zur Befreiung von der gefährlichen Tierbedingung innerhalb der Strafzone gibt, müssen Sie eine Strafe von 1 Schlag und die entsprechende Befreiung der roten oder gelben Zone außerhalb der Strafzone nehmen (Regel 16).

Befindet sich Ihr Ball nicht in einem Strafraum, können Sie bei einer gefährlichen Tierkondition (Regel 16) kostenlos zum nächstgelegenen Reliefspunkt gehen.

KEINE RELIEF DER GEGENSEITE BEI ROT STRAFZAHLENBEREICHE.

Die Möglichkeit, auf der gegenüberliegenden Seite eines roten Strafraums Relief zu erlangen, ist nach wie vor durch eine lokale Regel gegeben. Nach der neuen Regel gibt es jedoch nicht mehr die Möglichkeit für einen Spieler, auf der gegenüberliegenden Seite des Strafraums Relief zu nehmen (Regel 17.1d).

BALLVERLUST IM STRAFRAUM – 2 Szenarien. Wenn Sie Ihren Ball 3 Minuten lang gesucht haben und ihn in einem Strafraum nicht finden können, Sie sich aber nicht sicher sind, ob sich Ihr Ball im Strafraum befindet, können Sie ihn als verlorenen Ball deklarieren und Schlag- und Entfernungsrelief in Anspruch nehmen (Regel 17).

Das zweite Szenario ist, wenn Sie wissen (oder fast sicher sind), dass sich Ihr Ball in einem Strafraum befindet, ihn aber nicht finden können, nehmen Sie Strafraum-Relief in Übereinstimmung mit den entsprechenden roten oder gelben Pfosten-Reliefsoptionen (Regel 17).

RATSCHLÄGE (GEBEN ODER FRAGEN) IN EINEM STRAFBEREICH - Nur öffentliche

Informationen sind erlaubt.
Sie können nach Entfernungen zum Green, zu Bunkern usw. sowie nach der Spiellinie fragen, wenn Sie von einer Strafzone aus spielen. Sie dürfen nicht nach dem richtigen Schläger oder dem richtigen Schwung fragen oder Ratschläge erteilen oder fragen, was mit Ihrem Schwung nicht stimmt, usw. (Regel 10).

DER BALL BLEIBT IM STRAFBEREICH, NACHDEM SCHLAG - Verfahren.
Befindet sich Ihr Ball im Strafraum, nachdem Sie versucht haben, ins Aus zu schlagen, nehmen Sie erneut den entsprechenden Strafraumrelief in Anspruch und können einen zusätzlichen Strafschlag ausführen und dorthin zurückgehen, wo Sie zuletzt einen Schlag von außerhalb des Strafraums ausgeführt haben (Regel 17.2a(2)).

BUNKERS

TESTEN DES SANDES - Ein Spieler, der absichtlich den Sand testet, begeht eine allgemeine Strafe.

Wenn ein Spieler den Sand absichtlich berührt, um ihn zu testen, oder den Schläger vor oder hinter dem Ball platziert, oder den Sand während eines Übungsschwungs oder Rückschwungs berührt, oder den Sand absichtlich mit einem Gegenstand berührt, begeht der Spieler eine allgemeine Strafe (Regel 12).

VERSEHENTLICH DEN SAND ZU BERÜHREN - Keine Strafe.

Ab 2019 gibt es keine Strafe mehr, wenn Sie den Sand versehentlich mit der Hand oder einem Gegenstand in anderen Bereichen als dem Bereich berühren, in dem Sie Ihren Schläger vor oder hinter dem Ball aufsetzen oder den Sand während eines Übungsschwungs oder Ihres Rückschwungs streifen. Wenn Sie sich nicht in diesen Bereichen befinden, gibt es keine Strafe, wenn Sie dadurch keinen Vorteil erlangen (Regel 12).

LOSE HINDERNISSE KÖNNEN BESEITIGT

WERDEN IN BUNKERS.
Sie können lose Hindernisse (z. B. Steine, Zweige usw.) entfernen, ohne Eine Strafe zu erhalten und Sie können den Sand dabei vernünftig berühren. Wenn Sie den Ball bewegen, während Sie ein loses Hindernis entfernen, gibt es eine Strafe von 1 Schlag und Sie müssen Ihren Ball ersetzen (Regel 15).

HALBINSELN ODER INSELN AUS GRAS USW. IN EINEM BUNKER LIEGEN IN DER ALLGEMEINEN BEREICH.
Wenn Ihr Ball auf einer Insel aus Gras, Unkraut, Felsen, Schiefer usw. zur Ruhe kommt, die sich innerhalb des Bunkers befindet, sind diese Inseln usw. Teil des allgemeinen Bereichs und die allgemeinen Bereichsregeln gelten für diese Bereiche, die es Ihnen erlauben, Ihren Schläger zu erden, einen eingebetteten Ball zu entlasten usw. (Definitionen).

BEWEGLICHE HINDERNISSE IN EINEM BUNKER (Z. B. DEN RECHEN) ZU ENTFERNEN, OHNE STRAFE.
Sie können bewegliche Hindernisse ohne Strafe entfernen (z.B. die Harke, kleine und große

Trümmer, etc.). Wenn sich Ihr Ball bewegt, setzen Sie ihn ohne Strafe wieder an die Stelle, an der er sich befand (Regel 15). Wenn Ihr Ball auf einem beweglichen Hindernis (z. B. einem Handtuch, einer Papiertüte usw.) liegen bleibt, lassen Sie Ihren Ball innerhalb einer Schlägerlänge im Bunker fallen, nicht näher am Loch (Regel 15).

ANORMALE KURSBEDINGUNGEN IN EINEM BUNKER - Freier Abwurf bei einem Abwurf im Bunker.

Es gibt freie Relief in einem Bunker für Störungen durch 1) ein Tierloch, 2) in Reparatur befindlichen Boden (G.U.R), 3) unbewegliche Hindernisse oder 4) vorübergehendes Wasser in einem Bunker und freie Relief ist im Bunker verfügbar, wenn diese abnormalen Platzbedingungen Ihre Haltung oder Ihren Schwung beeinträchtigen. Suchen Sie den nächstgelegenen Punkt des Reliefs im Bunker und schlagen Sie innerhalb einer Schlägerlänge ab.

Bei anormalen Platzverhältnissen in einem Bunker haben Sie auch die Möglichkeit, einen Strafschlag zu kassieren und einen Ball außerhalb des Bunkers fallen zu lassen, indem Sie so weit wie möglich zurück auf die Linie gehen und einen Drop von einer Schlägerlänge machen.

Wenn der Bunker mit Wasser gefüllt ist und Sie Ihren Ball finden, müssen Sie einen Strafschlag ausführen und außerhalb des Bunkers auf der Linie zurückspielen (Regel 16).

Wenn der Bunker mit Wasser gefüllt ist und Sie nicht finden Ihren Ball innerhalb von 3 Minuten, ist es ein verlorener Ball und Sie müssen dorthin zurückgehen, wo Sie ihn zuletzt getroffen haben, und den Schlag mit einem Strafschlag wiederholen. Sie können Ihren Ball im Bunker in angemessener Weise suchen, z. B. indem Sie das Wasser nach dem Ball absuchen, ohne dafür bestraft zu werden (Regel 7).

BALL UNSPIELBAR IN EINEM BUNKER - 4 Möglichkeiten der Abhilfe.

Wenn Sie sich entscheiden, Ihren Ball in einem Bunker für unspielbar zu erklären, gibt es vier Möglichkeiten: 1) Relief durch Schlag- und Entfernungsrelief mit einem Strafschlag (d. h., Sie gehen zurück zu der Stelle, an der Sie Ihren letzten Schlag gespielt haben), 2) Relief durch Zurück-auf-der-Linie-Relief und Abwurf in den Bunker mit einem Strafschlag, 3) Relief durch seitlichen Abwurf um 2 Schlägerlängen in den Bunker mit einem Strafschlag oder 4) Relief durch Zurück-auf-der-Linie-Relief außerhalb des Bunkers und Abwurf um 1 Schlägerlänge mit 2 Strafschlägen (Regel 19).

EIN SPIELER KANN SCHLÄGER IN EINEM BUNKER PLATZIEREN UND ANDERE TEILE DES BUNKERS HARKEN.

Sie können einen Schläger oder eine Ausrüstung in den Bunker legen oder den Bunker bei der Pflege des Platzes ohne Strafe harken. Sie können sie jedoch nicht verwenden, um Ihren Bunkerschlag, Ihre Lage, den Bereich Ihres beabsichtigten Schwungs oder die Spiellinie zu verbessern, wenn Sie Ihre Ausrüstung im Bunker ablegen (z. B. die Verwendung eines Schlägers, der Ihnen hilft, Ihren Schlag auszurichten usw.). Sie können den Bunker harken, nachdem Sie den Ball aus dem Bunker geschlagen haben (Regel 12).

IDENTIFIZIERUNG DES BALLS IM BUNKER - Markieren und heben Sie ihn an, um ihn zu identifizieren, aber reinigen Sie ihn nur so weit, dass Sie ihn identifizieren können, und stellen Sie dann die ursprüngliche Lage wieder her.

Sie dürfen Ihren Ball nur so weit reinigen, dass Sie ihn identifizieren können. Nachdem Sie ihn identifiziert haben, legen Sie ihn in dieselbe Lage zurück, d. h. Sie stellen die ursprüngliche Lage wieder her, aber Sie dürfen einen Teil des Balls sichtbar lassen, wenn er mit Sand bedeckt war (Regel 7.1 b und 14).

UNGERÄUMTER BUNKER - Sie müssen ihn so spielen, wie er liegt.
Wenn ein Bunker ungebremst ist, voller Fußabdrücke usw., die Ihren Schlag beeinträchtigen, müssen Sie Ihren Ball so spielen, wie er liegt, und können Ihren Schlag nicht verbessern oder eine allgemeine Strafe verhängen (Regeln 8 und 12).

EIN ANDERER BALL STÖRT IHREN SCHLAG IM BUNKER – Bitten Sie den anderen Spieler, seinen Ball zu markieren.

Wenn ein Spieler vernünftigerweise glaubt, dass der Ball eines anderen Spielers im Bunker sein eigenes Spiel beeinträchtigen könnte, kann er den anderen Spieler auffordern, die Stelle zu markieren und den Ball aufzuheben. Der andere Spieler sollte seinen Ball markieren und aufheben (er darf aber nicht gereinigt werden). Nachdem der erste Spieler den Bunker vollständig verlassen hat, kann der andere Spieler den Bunker abräumen.

Der andere Spieler ersetzt dann seinen Ball in der gleichen Lage (stellt ihn so gut wie möglich wieder her) (Regeln 12, 14 und 15).

STECKENDER BALL IM BUNKER - Sie müssen Ihn so spielen wie er liegt.

Wenn Ihr Ball in einem Bunker liegt, muss der Ball so gespielt werden, wie er liegt. Achten Sie darauf, dass Sie ihn identifizieren, denn wenn Sie den falschen Ball spielen, erhalten Sie 2 Strafschläge und müssen dann Ihren eigenen Ball spielen (Regel 12).

WENN DER BALL DES SPIELERS ZURÜCK IN DENSELBEN BUNKER ROLLT

Der Spieler kann den Bunker nicht bearbeiten, um seinen nächsten Bunkerschlag zu verbessern. Bleibt Ihr Ball im Bunker liegen oder rollt er zurück in den Bunker, nachdem Sie versucht haben, ihn herauszuschlagen, dürfen Sie den Bunker nicht aufharken, um irgendeinen Zustand zu verbessern, der Ihren nächsten Bunkerschlag, Ihre Lage, den Bereich Ihres beabsichtigten Schwungs oder die Spiellinie verbessern würde (Regel 12).

EIN SPIELER SCHLÄGT AUS EINEM BUNKER UND SEIN BALL GEHT OB ODER IST VERLOREN – Der Spieler darf den Bunker vor seinem nächsten Schlag rechen.
Sobald Sie aus einem Bunker herausgeschlagen haben, können Sie ihn einharken. Wenn Ihr Ball OB war oder verloren gegangen ist und Sie Schlag- und EntfernungsRelief in Anspruch nehmen, rechen Sie den Bunker, bevor Sie den Schlag wiederholen. Lassen Sie den Ball innerhalb einer Schlägerlänge von der Stelle, an der Sie ihn OB geschlagen oder verloren haben, in den Bunker fallen (Regeln 12, 14 und 18).

VERLORENER BALL IM BUNKER - Muss Schlag- und Entfernungsrelief in Anspruch nehmen.
Wenn Sie Ihren Ball in einem Bunker suchen und ihn innerhalb von 3 Minuten nicht finden können, gilt er als verlorener Ball und Sie müssen Schlag- und Entfernungsrelief in Anspruch nehmen und zu dem Punkt zurückgehen, an dem Sie Ihren letzten Schlag ausgeführt haben. Es ist erlaubt, den Bunker zu harken, um Ihren Ball zu suchen und den Ball zu ersetzen, wenn Sie ihn bei der Suche im Bunker bewegen (Regel 7).

GEFÄHRLICHER ZUSTAND DES TIERES IN EINEM BUNKER - Freier Relief, wenn der nächstgelegene Reliefspunkt im Bunker liegt, andernfalls erhält der Spieler 1 Strafschlag, wenn der nächstgelegene Reliefspunkt außerhalb des Bunkers liegt.

Sie können freie Relief zum nächstgelegenen Reliefspunkt nehmen, wenn Sie in einem Bunker auf ein gefährliches Tier treffen (Regel 12). Wenn eine gefährliche Tierart Ihren Schlag oder Ihre Haltung beeinträchtigt (z. B. Giftschlangen, Wespennester, Alligatoren, Feuerameisen usw.), können Sie ein kostenloses Relief in Anspruch nehmen, indem Sie den nächstgelegenen Reliefspunkt (nicht näher zum Loch) innerhalb des Bunkers suchen. Der nächstgelegene Reliefspunkt muss sich innerhalb des Bunkers befinden, wo die gefährliche Tierbedingung nicht mehr besteht, und Sie müssen einen Drop von 1 Schlägerlänge machen (Regel 16).

Wenn es innerhalb des Bunkers keinen nächstgelegenen Punkt gibt, an dem man sich von den gefährlichen Tieren befreien kann, muss man eine Strafe von 1 Schlag in Kauf nehmen und sich außerhalb des Bunkers auf die Linie zurückziehen (Regeln 12 und 16).

GREENS

BALL KOMMT AUF DEM FALSCHEN GREEN ZUR RUHE Nehmen Sie einen freien Drop vom Green, damit Ihre Haltung und Ihr beabsichtigter Schwung nicht auf das Green treffen.

Bisher mussten Sie, wenn Ihr Ball auf dem falschen Green liegen blieb, Ihren Ball vom nächstgelegenen Reliefspunkt abseits des Greens spielen, der nicht näher am Loch liegt, und Sie konnten Ihren Stand auf dem Green selbst einnehmen, um Ihren nächsten Schlag zu spielen. Ab 2019 dürfen Sie Ihren Stand nicht mehr auf dem Green einnehmen oder einen Stand einnehmen, bei dem die Bahn Ihres Schwungs die Oberfläche des Greens berühren könnte, so dass Sie Ihren Ball entsprechend nicht näher zum Loch spielen können (Regel 13).

SPRINKLERKÖPFE, ABFLÜSSE, USW. - Frei Relief, wenn Ihr Ball auf einem Sprinklerkopf (oder einem anderen unbeweglichen Hindernis) liegt, wenn das Hindernis Ihre Haltung oder Ihren Schwung beeinträchtigt.

Sie können umsonst abschlagen, wenn sich Ihr Ball im allgemeinen Bereich befindet und auf einem Sprinklerkopf oder Abfluss zum Liegen kommt oder wenn er Ihren Stand oder Schwung behindert. Wenn ja, nehmen Sie einen Drop innerhalb von 1 Schlägerlänge nicht näher zum Loch. Wenn Sie chippen oder putten, um Ihren Ball auf das Grün zu bringen, und ein Sprinklerkopf, ein Abflussrohr usw. (ein unbewegliches Hindernis) in Ihrer Spiellinie liegt, aber Ihren Stand oder Schwung nicht behindert, müssen Sie Ihren Ball so spielen, wie er liegt (Regel 16). Wenn Sie chippen oder putten, um Ihren Ball auf das Green zu bringen, und ein Sprinklerkopf, ein Abflussrohr usw. (ein unbewegliches Hindernis) in Ihrer Spiellinie liegt, aber Ihren Stand oder Schwung nicht behindert, müssen Sie Ihren Ball so spielen, wie er liegt (Regel 16).

EIN BALL, DER SICH TEILWEISE AUF DEM GREEN UND TEILWEISE AM RAND BEFINDET, WIRD ALS AUF DEM GREEN BEFINDLICH BEHANDELT (SPEZIFISCHER BEREICH).
Wenn sich Ihr Ball sowohl auf dem Green als auch auf dem allgemeinen Bereich befindet (z. B. sowohl auf dem Rand - der der allgemeine Bereich ist - als auch auf dem Green), dann befindet sich

Ihr Ball auf dem spezifischen Bereich, der das Green ist (Regel 2).

MARKIEREN SIE IHREN BALL AUF DEM GREEN UND VERMEIDEN SIE ES, IHN VON DER FALSCHEN SEITE ZU SPIELEN.

Achten Sie beim Betreten des Greens auf Ihre Ballmarkierung und reparieren Sie sie. Markieren Sie Ihren Ball mit einem Ballmarker und wenn Ihr Ball in der Linie eines anderen Spielers liegen könnte, bewegen Sie den Marker einen Putterkopf weiter und denken Sie daran, ihn wieder zurück zu bewegen.

bevor Sie Ihren Putt schlagen. Wenn Sie ihn nicht zurücklegen, spielen Sie den Ball von der falschen Stelle aus und erhalten eine allgemeine Strafe (Regel 14).

FALSCHER BALL GESPIELT - Wenn Sie auf dem Green feststellen, dass Sie den falschen Ball gespielt haben, müssen Sie Ihren Ball suchen, zurückgehen und ihn spielen.

Beim Stroke Play gibt es eine Strafe von 2 Schlägen, wenn Sie den falschen Ball gespielt haben. Nachdem Sie den 2-Schlag-Strafschlag kassiert haben, bewerten Sie die Situation und gehen zurück, um Ihren eigenen Ball zu finden und zu spielen. Wenn Ihr eigener Ball verloren geht, behandeln Sie ihn wie einen verlorenen Ball und kehren zu der Stelle zurück, an die Sie ihn geschlagen haben, bevor er verloren ging.

Wenn sich herausstellt, dass ein anderer Spieler Ihren Ball spielt, muss der andere Spieler ebenfalls zurückgehen und den Fehler korrigieren und einen Strafschlag von 2 Schlägen für das Schlagen des falschen Balls hinnehmen.

Der Schlag mit dem falschen Ball (und alle weiteren Schläge) werden nicht gezählt. Wenn Sie den Fehler nicht korrigieren, bevor Sie mit einem Schlag das nächste Loch beginnen, werden Sie disqualifiziert.

Wenn Sie sich auf dem letzten Green befinden, müssen Sie zurückgehen und den Fehler korrigieren, bevor Sie Ihre Scorekarte einreichen, sonst werden Sie disqualifiziert (Regel 6).

Beim Matchplay ist die Strafe für das Spielen eines falschen Balls der Verlust des Lochs. Wenn die Spieler den Ball des anderen schlagen, verliert derjenige das Loch, der zuerst einen falschen Ball spielt. Wenn nicht bekannt ist, welcher falsche

Ball zuerst gespielt wurde, gibt es keine Strafe und das Loch muss mit vertauschten Bällen gespielt werden (Regel 6).

PUTTING ORDNUNG - Wer weiter vom Loch entfernt ist, spielt zuerst.

Beim Stroke Play gibt es keine Strafe für das Putting außerhalb der Reihenfolge, es sei denn, es verschafft einem anderen Spieler einen Vorteil (z.B. wenn ein Spieler absichtlich außerhalb der Reihe spielt, um einem anderen Spieler die Linie eines Putts zu ermöglichen). In diesem Fall erhalten die beiden Spieler jeweils eine allgemeine Strafe (Regel 6).

Wenn Ihr Gegner im Matchplay nicht in der richtigen Reihenfolge puttet, können Sie den Schlag annullieren und ihn auffordern, den Putt zu wiederholen (Regel 16).

Die Spieler können sich auch darauf einigen, außer der Reihe zu spielen, um im Matchplay Zeit zu sparen, oder sie können sich darauf einigen, im Strokeplay "ready golf" zu spielen (Regel 5).

PUTTEN MIT DEM FLAGGENSTOCK- Erlaubt.
Ab 2019 gibt es keine Strafe mehr, wenn Sie mit Ihrem Putt die Fahnenstange treffen. Sie haben die Möglichkeit, den Flaggenstock beim Putt drin zu lassen, ohne eine Strafe zu erhalten (Regel 13).

DER SPIELER BEWEGT DEN BALL ODER BALLMARKIERUNG VERSEHENTLICH - Keine Strafe.
Es gibt keine Strafe, wenn Sie, ein Gegner oder ein anderer Spieler versehentlich Ihren Ball oder die Ballmarkierung auf dem Putting Green verschieben (Regel 13). Sie müssen Ihren Ball wieder dorthin zurücklegen, wo er war. Wenn Ihr Gegner im Matchplay Ihren Ball absichtlich berührt oder bewegt, erhält er einen Strafschlag von 1 Schlag (Regel 9).

VERWENDUNG EINES SCHLÄGERS ZUR AUSRICHTUNG EINES PUTT – Nicht erlaubt.
Bisher konnte ein Spieler einen Schläger auf dem Green ablegen und den Schaft des Schlägers zur Ausrichtung des Putts verwenden. Ab 2019 ist das nicht mehr erlaubt und fuhrt zu einer allgemen

strafe (Regel 10).

DER BALL EINES SPIELERS WIRD VON EINEM ANDEREN SPIELER BEWEGT- Ersetzen Sie ihn ohne Strafe.
Wenn Ihr Ball auf dem Green liegt und von einem anderen Ball bewegt wird, müssen Sie ihn ohne Strafe ersetzen.
Wenn die genaue Stelle unbekannt ist, schätzen Sie die Stelle am besten und ersetzen Ihren Ball an dieser Stelle (Regel 9). Wenn Ihr Gegner Ihren Ball *absichtlich* verschiebt, erhält er eine Strafe von 1 Schlag und Sie müssen Ihren Ball ersetzen. Wenn es ein Versehen war, gibt es keine Strafe (Regel 9).

ANORMALE KURSBEDINGUNGEN AM GREEN - Freies Relief.
Wenn Sie sich auf dem Green befinden und ein anormaler Zustand des Platzes Ihre Spiellinie behindert (z.B. G.U.R., temporäres Wasser, etc.), können Sie freie Relief in Anspruch nehmen, indem Sie den Ball am nächstgelegenen Reliefspunkt platzieren, der sich auf dem Green oder im allgemeinen Bereich (z.B. am Rand) befinden kann und nicht näher am Loch liegt. Sie legen den Ball auf den nächstgelegenen Reliefspunkt (Regel 16) (lassen ihn nicht fallen).

BESEITIGUNG VON LOSEN HINDERNISSEN, BEWEGLICHEN HINDERNISSEN, SAND UND LOSE ERDE AUF DEM GREEN - Keine Strafe, wenn sich der Ball bewegt.

Lose Hindernisse wie Blätter, etc. sowie Sand und lose Erde können auf dem Putting Green entfernt werden. Wenn Sie dabei versehentlich Ihren Ballmarker oder Ihren Ball verschieben, bringen Sie Ihren Ball ohne Strafe wieder dorthin zurück, wo er war (Regel 13).

REPARATUR VON SPITZENMARKEN UND ANDEREN SCHÄDEN AUF DEM GREEN - Erlaubt.

Ab 2019 können Sie nun fast alle Schäden, d. h. Spike-Markierungen, Pitch-Markierungen usw. überall auf dem Green, einschließlich des Lochs, ausbessern, wenn es beschädigt ist - nicht aber die natürliche Abnutzung.

Denken Sie daran, dass Sie "Schäden" vernünftig reparieren können und dass Sie die Linie Ihres Putts zum Loch nicht über die Reparatur von Schäden hinaus verbessern können. Das bedeutet, dass Sie die Spiellinie Ihres Putts nicht übermäßig verbessern dürfen, sonst erhalten Sie eine allgemeine Strafe.Sie können auch keine natürlichen Unvollkommenheiten verbessern. Zum Beispiel gelten Belüftungslöcher, natürliche Oberflächenfehler oder natürliche Abnutzung nicht als Schäden, sondern als natürliche Oberflächenfehler (Regel 13).

ES IST OK, DIE PUTTLINIE AUF DEM GREEN ZU BERÜHREN.

Bisher durften Sie oder Ihr Caddy Ihre Spiellinie auf dem Green nicht berühren, sonst gab es einen Strafschlag von 1 Schlag. Ab 2019 dürfen Sie oder Ihr Caddy die Linie berühren (Regel 10 und 13).

DER BALL BEWEGT SICH, WENN EIN SPIELER MARKIERT ODER WENN EIN SPIELER DIE MARKIERUNG WEGNIMMT.

Keine Strafe, aber der Spieler muss seinen Ball wieder dorthin zurücklegen, wo er war.

Wenn Ihr Ball sich versehentlich bewegt, wenn Sie Ihren Ballmarker aufstellen oder wegnehmen, oder wenn Sie ihn versehentlich mit dem Fuß oder dem Schläger berühren, gibt es keine Strafe, aber Sie müssen ihn wieder dorthin zurücklegen, wo er war (wenn Sie ihn nicht zurücklegen, gibt es eine allgemeine Strafe).

Wenn sich Ihr Ball einfach bewegt, *bevor* Sie ihn markieren, müssen Sie Ihren Ball so spielen, wie er an der Stelle liegt, zu der er sich bewegt hat.

Ab 2019 gilt: Wenn Sie Ihren Ball markiert haben und ihn dann auf dem Green zurücklegen und er sich von selbst bewegt, müssen Sie ihn ohne Strafe an seine ursprüngliche Position zurücklegen (Regeln 9 und 13).

STECKENDER BALL – Kostenloser Relief.
Wenn Ihr Ball auf dem Putting-Green eingebettet ist, markieren Sie die Stelle und heben Sie den Ball auf und reinigen Sie ihn, reparieren Sie den Schaden, der durch den Aufprall des Balls entstanden ist, und setzen Sie den Ball wieder an seinen ursprünglichen Platz (Regel 13).

VORÜBERGEHENDES WASSER AUF DEM GREEN - Freies Relief.
Sie können vorübergehendes Wasser auf dem Grün kostenlos nutzen, da es sich um eine anormale Platzbedingung handelt (Regel 16). Nehmen Sie den Ball an der nächstgelegenen Reliefstelle, die nicht näher am Loch liegt, ab, indem Sie ihn auf der Stelle ablegen und loslassen. Sollte der Ball wegrollen, legen Sie ihn wieder zurück. Wenn

er ein zweites Mal wegrollt, legen Sie Ihren Ball an der nächstgelegenen Stelle (nicht näher zum Loch) ab, wo er nicht wegrollt (Regel 14).

BERATUNG ÜBER DIE SPIELLINIE AUF DEM GREEN - Nicht erlaubt.

In den anderen Bereichen des Platzes können Sie nach der Spiellinie fragen (z. B. können Sie nach der Spiellinie fragen, wenn Sie sich in einem sehr tiefen Bunker am Green, einer Schlucht usw. befinden). Es ist nicht erlaubt, einen anderen Spieler zu fragen oder ihm Ratschläge zu erteilen, wie ein Putt brechen wird, da dies eine allgemeine Strafe nach sich zieht. Sie können Ihren Spielpartner fragen oder ihm Ratschläge geben (Regel 10).

GRÜN KANN WÄHREND DES SPIELS NICHT GETESTET WERDEN.

Es ist nicht erlaubt, einen Ball auf dem Green, das Sie gerade spielen, zu rollen oder zu reiben, sonst gibt es eine allgemeine Strafe. Zwischen den Löchern dürfen Sie dies auf dem gerade gespielten Green oder auf einem Übungs-Green tun (Regel 13).

DER SPIELER DARF DEN PUTTER NICHT AN SEINEM KÖRPER VERANKERN.

Sie sind nicht Es ist nicht erlaubt, den Putter oder einen anderen Schläger direkt am Körper oder indirekt am Körper zu verankern, z.B. indem man den Unterarm während des Schlags an den Körper hält, sonst erhält man eine allgemeine Strafe. Der Griff des Putters, der an Ihrem Unterarm anliegt, gilt nicht als Verankerung des Putters an Ihrem Körper, wenn Ihr Unterarm nicht an Ihrem Körper verankert ist (Regel 10).

EIN PUTT TRIFFT EINEN ANDEREN BALL AUF DEM GREEN - Verursacht eine 2-Schlag-Strafe im Stroke Play.

Wenn Sie sich auf dem Green befinden und Ihr Putt einen anderen Ball trifft, der auf dem Green liegt, erhalten Sie einen Strafschlag von 2 Schlägen. Der getroffene Ball muss wieder dorthin gelegt werden, wo er lag (Regel 11).

SPIELER TRIFFT FAHNENSTANGE ODER BETREUER - Spielen Sie ihn so, wie er liegt, ohne Strafe.

Es gibt keine Strafe für das Schlagen des Bolzens oder das versehentliche Schlagen der Person, die ihn pflegt, und Sie spielen den Ball dort, wo er zur Ruhe kommt (Regel 11 und 13).

Wenn ein Schläger oder ein anderer Gegenstand (z. B. der Fahnenstock) absichtlich auf dem Green abgelegt wird, um den Ball zu stoppen, und Sie ihn mit Ihrem Putt treffen, erhalten Sie eine allgemeine Strafe und der Putt muss wiederholt werden (Regel 11).

EIN BALL, DER AN DER FAHNENSTANGE ANLIEGT UND EIN TEIL DES BALLS UNTER DER OBERFLÄCHE LIEGT, GILT ALS AUSSERHALB.

Es sei denn, der Ball ist seitlich im Loch versenkt. Kommt der Ball eines Spielers an der im Loch verbliebenen Fahnenstange zur Ruhe, so gilt der Ball als eingelocht, wenn sich ein Teil des Balls unterhalb der Oberfläche des Putting-Greens befindet, auch wenn nicht der gesamte Ball unterhalb der Oberfläche liegt (Regel 13). Wenn ein Ball in die Seite des Lochs eingebettet ist, kann er nur dann als eingelocht gelten, wenn der gesamte Ball unter der Oberfläche liegt, da die Worte "an der Flaggenstock" bedeutet, dass der Ball frei beweglich ist, so dass er ins Loch fallen würde, wenn der Flaggenstock nicht wäre.dort.

Ein steckender Ball würde nicht gegen eine Fahnenstange lehnen.

EIN BALL ÜBER DAS LOCH HINAUSRAGT -
Die **maximale Wartezeit für das Einlochen eines Balls ist eine angemessene Annäherungszeit plus 10 Sekunden**.

Der Spieler hat eine angemessene Zeit, um das Loch zu erreichen, plus zehn weitere Sekunden, um abzuwarten, ob der Ball, der über das Loch hinausragt, in das Loch fällt (Regel 13).

Wenn Ihr Ball während dieser Wartezeit nicht ins Loch fällt, wird Ihr Ball als ruhend behandelt. Fällt Ihr Ball jedoch nach Ablauf dieser Frist und bevor er gespielt wird, in das Loch, haben Sie mit dem vorherigen Schlag eingelocht, erhalten aber einen Strafschlag zu Ihrem Ergebnis für das Loch hinzu (Regel 13).

ZULASSENDE PUTTS - **OK im Match Play, aber nicht im Stroke Play.**
Sie können einen Putt (oder einen anderen Schlag) im Match Play zugestehen, indem Sie Ihren Gegner auffordern, den Ball aufzunehmen. Im Stroke Play ist es nicht erlaubt, einen Putt zu

konzedieren und man muss einlochen. Wenn ein Spieler aufnimmt, erhält er 1 Strafschlag. Außerdem muss er seinen Ball austauschen und einlochen, sonst erhält er eine DQ (Regeln 3 und 9).

VERLORENER SCHLÄGER - Sie müssen ohne ihn spielen, wenn er nicht gefunden wird. Manchmal lassen Spieler einen Schläger auf dem Green liegen und gehen zum nächsten Loch weiter. Wenn Sie ihn später wiederfinden, können Sie ihn benutzen, aber wenn nicht, können Sie keinen weiteren Schläger in Ihre Tasche legen oder einen Schläger ausleihen. Sie müssen ohne ihn spielen (Regel 4).

Wir würden uns freuen, von Ihnen zu hören!

Bild: Creative Commons

"Es gibt immer einen Weg, die Dinge besser zu machen, und wenn man ihn findet, gibt es eine Chance", sagte Edison. - Thomas Edison

Wenn Sie eine Frage zu einer Regel oder eine andere Meinung zu einer Regel haben, lassen Sie es uns bitte wissen und schicken Sie uns Ihre Gedanken. Unsere E-Mail-Adresse lautet TeamGolfwell@gmail.com.

Über die Autoren

TeamGolfwell sind Bestseller-Autoren. Ihre Bücher haben sich Tausende von Exemplaren verkauft, darunter mehrere Nr.-1-Bestseller im Bereich Golf und Sporthumor.

Kontaktieren Sie uns unter TeamGolfwell@gmail.com für alles. Wir freuen uns, von unseren Fans zu hören!

www.TeamGolfwell.com

Wir danken Ihnen für Ihr Interesse an unserem Buch und hoffen, dass es Ihnen gefällt und Ihnen hilft.

Wenn Ihnen unser Buch gefallen hat, würden wir uns freuen, wenn Sie eine kurze Rezension auf Amazon und/oder Goodreads hinterlassen, falls Sie Zeit haben.

Vielen Dank und viel Spaß beim Golfen! Mit freundlichen Grüßen,

Das TeamGolfwell

www.ingramcontent.com/pod-product-compliance
Lightning Source LLC
Chambersburg PA
CBHW021428070526
44577CB00001B/121